中等职业教育改革创新示范教材

Gonglu Gongcheng Xianchang Jiance Jishu
公路工程现场检测技术

（第二版）

钱 进 主编
李国芬 [南京林业大学] 主审

人民交通出版社

内 容 提 要

本书是中等职业教育改革创新示范教材。主要内容包括:绪论,试验检测数据处理,路基路面几何尺寸及路面结构层厚度检测,路基路面压实度检测,路基路面平整度检测,路面抗滑性能检测,路基路面回弹弯沉检测,沥青路面渗水系数检测,水泥混凝土质量检测,共9个单元。

本书可作为全国中等职业学校、技工学校公路与桥梁及相关专业的教学用书,也可作为行业从业人员培训教材或参考用书。

图书在版编目(CIP)数据

公路工程现场检测技术/钱进主编. —2版. —北京:人民交通出版社,2014.1
中等职业教育改革创新示范教材
ISBN 978-7-114-11064-1

I.①公… II.①钱… III.①道路工程—工程质量—测试技术—中等专业学校—教材 IV.①U415.12

中国版本图书馆 CIP 数据核字(2013)第 297442 号

中等职业教育改革创新示范教材

书　名:	公路工程现场检测技术(第二版)
著 作 者:	钱　进
责任编辑:	袁　方
出版发行:	人民交通出版社股份有限公司
地　　址:	(100011)北京市朝阳区安定门外外馆斜街3号
网　　址:	http://www.ccpress.com.cn
销售电话:	(010) 59757973
总 经 销:	人民交通出版社股份有限公司发行部
经　　销:	各地新华书店
印　　刷:	北京虎彩文化传播有限公司
开　　本:	787×1092　1/16
印　　张:	10
字　　数:	230 千
版　　次:	2011年4月　第1版 2014年1月　第2版
印　　次:	2022年5月　第7次印刷　总第8次印刷
书　　号:	ISBN 978-7-114-11064-1
定　　价:	25.00元

(有印刷、装订质量问题的图书由本社负责调换)

中等职业教育改革创新示范教材
出 版 说 明

2011年年底,我社根据《教育部办公厅关于组织开展中等职业教育改革创新示范教材遴选活动的通知》(教职成厅函〔2011〕41号)要求,组织申报了中等职业教育改革创新示范教材。

2012年10月至2013年5月,教育部陆续公布了两批中等职业教育改革创新示范教材名单,我社组织申报的汽车类、路桥类、城市轨道交通类、铁路类等专业的相关教材被评为中等职业教育改革创新示范教材。

2013年至今,我社根据教育部《中等职业教育改革创新行动计划(2010—2012年)》的有关要求,以及教育部专家组的评审意见,几经修订,使教材具备有以下特色:

1. 立足理论,在内容及表现形式上大胆创新,增加了相关的实训环节,以大量的图片、实例体现了"工学结合"的特点。

2. 各知识点间穿插着相关的"小提示"、"练一练"、"问一问"、"知识链接"等,增强了课间趣味性,能充分调动学生学习积极性。

3. 能满足不同学制、不同专业和不通办学条件的学校的教学需要。

4. 整套教材配有教学课件,读者可于我社网站免费下载。

希望各院校积极推广和选用教育部中等职业教育改革创新示范教材,并在使用过程中,注意总结经验,及时提出修改意见和建议,使之不断完善和提高。

人民交通出版社
2014年1月

前　言

本书根据目前中等职业教育"推进模式改革,深化机制创新,提高教育质量"的改革发展新思路,按照教育部中等职业教育改革创新示范教材编写的指导思想和有关原则进行编写。

本书以实践为导向,以应用为主旨,以学生为中心,紧密结合工程实践中具体实例,通过检测技术基本知识点的学习和操作技能训练,着力培养学生解决工程实际问题的能力。

本书重点突出"以就业为导向"、"突出技能训练"的要求,在编写中体现以下特色:

(1)充分体现任务引领、注重能力培养的编写思想。将工作任务分解成若干典型的教学活动,按工作任务的需要,结合职业技能培养要求组织教材内容。教材中的活动项目的设计以解决就业上岗可能遇到的实际问题为主,具有较强的操作性。

(2)遵循够用为度的原则,论点鲜明,结构层次清晰。

(3)图文并茂,以图示直观反映过程,浅显易懂、直观明了,激发学生的学习兴趣;引用例题较多,并编制了检测工作中的注意事项,便于学生对所学知识的消化吸收,也便于工程技术人员的自学。

(4)编写体现先进性、通用性、实用性。将专业新技术、新设备、新材料编入教材,按最新的试验规范和规程编写,使教材更贴近本专业的发展和实际需要。

全书主要内容包括:绪论、试验检测数据处理、路基路面几何尺寸及路面结构层厚度检测、路基路面压实度检测、路基路面平整度检测、路面抗滑性能检测、路基路面回弹弯沉检测、沥青路面渗水系数检测、水泥混凝土质量检测。为便于激发学生的学习兴趣、开阔视野、拓宽相关知识面,本书各单元插入了知识链接、想一想、问一问,单元具体内容有:学习目标、工作任务、教学建议、学习指南、单元小结、自我检测。

参加本书编写工作的有:江苏省交通技师学院(江苏森淼工程质量检测有限公司)钱进(编写单元1~单元7)、江苏省交通技师学院(江苏森淼工程质量检测有限公司)王冠(编写单元8、单元9)。全书由钱进担任主编并负责全书的统稿工作,南京林业大学李国芬担任主审。

由于编者水平有限,书中不足之处,敬请读者批评指正。

编者
2013 年 12 月

目 录

单元1　绪论 ··· 1
 1.1　概述 ··· 2
 1.2　公路工程质量检验评定方法 ··· 3
 单元小结 ··· 9
 自我检测 ··· 10

单元2　试验检测数据处理 ··· 11
 2.1　抽样检验 ·· 12
 2.2　路基路面现场测试随机选点方法 ·· 14
 2.3　数据的记录及修约规则 ·· 18
 2.4　数据的统计特征与概率分布 ·· 23
 2.5　可疑数据的取舍方法 ··· 27
 单元小结 ··· 28
 自我检测 ··· 29

单元3　路基路面几何尺寸及路面结构层厚度检测 ······························· 30
 3.1　路基路面几何尺寸检测 ·· 31
 3.2　挖坑及钻芯法测定路面厚度试验方法 ·· 38
 单元小结 ··· 43
 自我检测 ··· 44

单元4　路基路面压实度检测 ·· 45
 4.1　标准密度的确定 ··· 46
 4.2　环刀法测定压实度 ·· 49
 4.3　灌砂法测定压实度 ·· 55
 4.4　钻芯法测定沥青路面面层压实度 ·· 64
 4.5　压实度评定 ··· 67
 单元小结 ··· 69
 自我检测 ··· 70

单元5　路基路面平整度检测 ·· 71
 5.1　平整度测定的意义和测试方法 ··· 72
 5.2　3m直尺测定平整度 ·· 74
 5.3　连续式平整度仪测定平整度 ·· 78
 单元小结 ··· 81

自我检测 ·· 82
单元 6　路面抗滑性能检测 ·· 83
　6.1　路面抗滑性能的测定意义及测试方法 ······································ 84
　6.2　铺砂法测定路面构造深度 ·· 86
　6.3　摆式仪测定路面抗滑值 ··· 90
　　单元小结 ·· 95
　　自我检测 ·· 96
单元 7　路基路面回弹弯沉检测 ·· 97
　7.1　弯沉的概念、检测意义和方法 ··· 98
　7.2　贝克曼梁测定路基路面回弹弯沉 ·· 100
　　单元小结 ··· 108
　　自我检测 ··· 108
单元 8　沥青路面渗水系数检测 ·· 109
　　单元小结 ··· 114
　　自我检测 ··· 114
单元 9　水泥混凝土质量检测 ··· 115
　9.1　混凝土测强技术 ··· 116
　9.2　回弹法测定水泥混凝土抗压强度 ·· 118
　9.3　钻芯法检测结构混凝土强度 ·· 128
　　单元小结 ··· 137
　　自我检测 ··· 138
附录一　测区混凝土强度换算表 ··· 139
附录二　学习效果评价表 ··· 146
参考文献 ··· 150

单元 1

绪 论

 学习目标

1. 了解试验检测的目的和意义；
2. 了解试验检测人员要求；
3. 了解公路工程质量检验与等级评定依据；
4. 能描述公路工程质量评分方法；
5. 能对公路工程质量进行等级评定。

 工作任务

依据公路工程质量评分方法,按照评分步骤,对公路工程质量进行评分并进行等级评定。

 教学建议

基于公路工程质量评分和等级评定过程,实现"教、练"一体的教学方法,通过判断、选择等题目明确正确的评定步骤,通过例题和练习等巩固评分步骤和评定方法。

> **学习指南**

为了加强公路工程质量管理,统一公路工程质量检验标准和评定标准,保证工程质量,交通部制定了《公路工程质量检验评定标准(土建工程)》(JTG F80/1—2004)。公路工程施工单位、工程监理单位、建设单位、质量检测机构和质量监督部门对公路工程质量的管理、监控和检验评定均应以《公路工程质量检验评定标准(土建工程)》(JTG F80/1—2004)为准,该标准是公路工程建设中必须严格执行的重要技术法规之一,对于加强工程技术管理和质量监控起到了重要作用。

进行公路工程质量等级评定,首先要对工程质量进行评分。而对建设项目进行评分必须按照分项工程、分部工程、单位工程、合同段和建设项目的顺序逐级计算,最终得出建设项目评分值。

本单元基于公路工程质量评分和等级评定的工作过程,分解为一个任务与两个技能训练。每个学生应沿着如下流程进行学习:

认知试验检测的目的和意义 → 认知试验检测人员要求 →
熟悉公路工程质量检验与等级评定依据 → 掌握公路工程质量评分方法 →
完成公路工程质量评分和等级评定 → 工程检测案例

1.1 概　　述

一　试验检测的目的和意义

在公路建设中,为了加强公路工程施工质量管理,工程建设实行"政府监督、社会监理和企业自检"的质量保证体系,而各级质量监督部门、建设监理机构以及承担施工任务的企业控制质量的主要手段,则是依据国家和交通运输部颁布的有关法规、技术标准、规范和规程进行各类试验检测,以确保监督、监理和自检工作的有效实施。

工程试验检测工作是公路工程施工技术管理中的一个重要组成部分,也是施工质量控制和竣工验收评定工作中不可缺少的一个主要环节。通过试验检测能充分地利用当地的原材料,迅速推广应用新材料、新技术和新工艺;能用定量的方法科学地评定各种材料和构件的质量;能合理地控制并科学地评定工程质量。因此,工程质量检测工作对于提高工程质量、加快工程进度、降低工程造价、推动公路工程施工技术进步,将起到极为重要的作用。公路工程试验检测技术是一门正在发展的新兴学科,它融试验检测基本理论和测试操作技能及公路工程相关学科基础知识于一体,是工程设计参数、施工质量控制、施工验收评定、养护管理决策及各种技术规范和规程修订的主要依据之一。

作为工程试验检测人员或质量控制管理人员,在整个施工期间应领会设计文件,依据相应的施工技术规范和试验检测规程,严格做好公路工程材料质量、施工控制参数、现场施工过程质量和分部分项工程验收四个关键环节的把关工作,真正为公路建设提供科学依据。

二 对试验检测人员的要求

为确保检测工作质量,试验检测人员应认真履行岗位职责,并根据以下要求,做好本职工作,努力提高自己的业务能力。

(1)试验检测人员应经过培训,考核合格,并取得相应的试验检测证书后方可上岗操作。在操作过程中应熟悉检测任务、检测内容与检测项目;合理选择检测仪器,熟悉仪器的性能;能对检测仪器进行日常保养。

(2)试验检测人员应掌握所从事检测项目的技术标准、技术规范与技术规程,了解本领域国内外测试技术、检测仪器的现状及发展方向,并具有学习与应用国内外最新检测技术的能力。

(3)试验检测人员应能正确如实地填写原始记录。原始记录不得用铅笔填写,必须有检测人员、计算和校核人员的签名。原始记录如确需更改,作废数据上应画两条水平线,将正确数据填在上方,盖更改人的印章。原始记录保管期不得少于两年。检测结果必须由具有本领域五年以上工作经验者校核,校核者必须在检验记录和报告中签字,以示负责。

(4)试验检测人员应了解计量法常识及国际单位制基本内容,能运用数理统计方面的知识对检测结果进行数据处理。

(5)试验检测人员要坚持原则、态度严谨、忠于职守、作风正派、秉公办事,不弄虚作假。

1.2 公路工程质量检验评定方法

一 公路工程质量检验与等级评定依据

现行《公路工程质量检验评定标准(土建工程)》(JTG F80/1—2004)适用于公路工程施

工单位、工程监理单位、建设单位、质量检测机构和质量监督部门对公路工程质量的管理、监控和检验评定,适用于四级及四级以上公路新建、改建工程,是公路工程检查与验收的质量评定依据。

考虑建设任务、施工管理和质量控制的需要,建设项目划分为单位工程、分部工程、分项工程三级。

在单位工程中,按结构部位、路段长度及施工特点或施工任务划分为若干个分部工程。

在分部工程中,按不同的施工方法、材料、工序及路段长度等划分为若干个分项工程。

施工单位应按此种工程划分进行质量自检和资料汇总,质量监督部门按照此种工程划分逐级进行工程质量等级评定。

路基、路面和桥涵的单位工程中分部和分项工程的划分内容详见表1-1 和表1-2。

路基、路面单位工程中分部及分项工程的划分　　　　　表1-1

单位工程	分部工程	分项工程
路基工程 (每10km 或每标段)	路基土石方工程* (1~3km 路段)	土方路基*,石方路基*,软土地基*,土工合成材料处治层* 等
	排水工程 (1~3km 路段)	管节预制,管道基础及管节安装*,检查(雨水)井砌筑*,土沟,浆砌排水沟*,盲沟,跌水,急流槽*,水簸箕,排水泵站等
	小桥及符合小桥标准的通道*,人行天桥,渡槽(每座)	基础及下部构造*,上部构造预制、安装或浇筑*,桥面*,栏杆,人行道等
	涵洞、通道 (1~3km 路段)	基础及下部构造*,主要构件预制、安装或浇筑*,填土,总体等
	砌筑防护工程 (1~3km 路段)	挡土墙*,墙背填土,抗滑桩*,锚喷防护*,锥形护坡,导流工程,石笼防护等
	大型挡土墙*,组合式挡土墙*(每处)	基础*,墙身*,墙背填土,构件预制*,构件安装*,筋带,锚杆,拉杆,总体* 等
路面工程 (每10km 或每标段)	路面工程* (1~3km 路段)	底基层,基层*,面层*,垫层,联结层,路缘石,人行道,路肩,路面边缘排水系统等

注:①表内标注*号者为主要工程,评分时给予2的权值,不带*号者为一般工程,权值为1。
②按路段长度划分的分部工程,高速公路、一级公路宜取低值,二级及二级以下公路可取高值。

桥涵单位、分部及分项工程的划分　　　　　表1-2

单位工程	分部工程	分项工程
桥梁工程 (特大、大、中桥)	基础及下部构造* (每桥或每墩、台)	扩大基础,桩基,地下连续墙*,承台,沉井,桩的制作*,钢筋加工及安装,墩台身(砌体)浇筑*,墩台身安装,墩台帽*,组合桥台*,台背填土,支座垫石和挡块等

续上表

单位工程	分部工程	分项工程
桥梁工程 (特大、大、中桥)	上部构造预制和安装*	主要构件预制*,其他构件预制,钢筋加工及安装,预应力筋的加工和张拉*,梁板安装,悬臂拼装*,顶推施工梁,拱圈节段预制,拱的安装,转体施工拱*,劲性骨架拱肋安装*,钢管拱肋制作*,钢管拱肋安装*,吊杆制作和安装*,钢梁制作*,钢梁安装*,钢梁防护*等
	上部构造现场浇筑*	钢筋加工及安装,预应力筋的加工和张拉*,主要构件浇筑*,其他构件浇筑,悬臂浇筑*,劲性骨架混凝土*,钢管混凝土拱*等
	总体、桥面系和附属工程	桥梁总体*,桥面防水层施工,桥面铺装*,钢桥面铺装*,支座安装,搭板,伸缩缝安装*,大型伸缩缝安装*,栏杆安装,混凝土护栏,人行道铺设,灯柱安装等
	防护工程	护坡,护岸*,导流工程*,石笼防护,砌石工程等
	引道工程	路基*,路面,挡土墙*,小桥*,涵洞*,护栏等
互通立交工程	桥梁工程* (每座)	桥梁总体,基础及下部构造,上部构造预制、安装或浇筑*,支座安装,支座垫石,桥面铺装*,护栏,人行道等
	主线路基路面工程* (1~3km路段)	见表1-1 路基、路面等分项工程
	匝道工程(每条)	路基*,路面*,通道*,护坡,挡土墙*,护栏等
隧道工程	总体	隧道总体*等
	明洞	明洞浇筑,明洞防水层,明洞回填*等
	洞口工程	洞口开挖,洞口边仰坡防护,洞门和翼墙的浇(砌)筑,截水沟、洞口排水沟等
	洞身开挖	洞身开挖*(分段)等
	洞身衬砌	(钢纤维)喷射混凝土支护,锚杆支护,钢筋网支护,仰拱,混凝土衬砌*,钢支撑,衬砌钢筋等
	防排水	防水层、止水带、排水沟等
	隧道路面	基层*,面层*等
	装饰	装饰工程
	辅助施工措施	超前锚杆、超前钢管等
交通安全设施 (每20km或每标段)	标志*(5~10km路段)	标志*
	标线、突起路标 (5~10km路段)	标线*,突起路标等
	护栏*、轮廓标 (5~10km路段)	波形梁护栏*,缆索护栏*,混凝土护栏*,轮廓标等
	防眩设施 (5~10km路段)	防眩板等
	隔离栅、防落网 (5~10km路段)	隔离栅、防落网等

注:表内标注*号者为主要工程,评分时给予2的权值;不带*号者为一般工程,权值为1。

二、工程质量评分方法

施工单位应对各分项工程按《公路工程质量检验评定标准(土建工程)》(JTG F80/1—2004)所列基本要求、实测项目和外观鉴定进行自检,按"分项工程质量检验评定表"及相关施工技术规范提交真实、完整的自检资料,对工程质量进行自我评定。工程监理单位应按规定要求对工程质量进行独立抽检,对施工单位检评资料进行签认,对工程质量进行评定。建设单位根据对工程质量的检查及平时掌握的情况,对工程监理单位所作的工程质量评分及等级评定进行审定。

工程质量检验评分以分项工程为单元,采用 100 分制进行。在分项工程评分的基础上,逐级计算各相应分部工程、单位工程、合同段和建设项目评分值。

 想一想

能不能先评定分部工程,再评定单位工程、分项工程、合同段和建设项目?为什么?正确的评定程序又是怎样的?

1 分项工程质量评分

分项工程质量检验内容包括基本要求、实测项目、外观鉴定和质量保证资料四个部分。只有在其使用的原材料、半成品、成品及施工工艺符合基本要求的规定,且无严重外观缺陷和质量保证资料真实并基本齐全时,才能对分项工程质量进行检验评定。

涉及结构安全和使用功能的重要实测项目为关键项目(以"△"标识),其合格率不得低于90%(属于工厂加工制造的桥梁金属构件不低于95%,机电工程为100%),且检测值不得超过规定极值,否则必须进行返工处理。

实测项目的规定极值是指任一单个检测值都不能突破的极限值,不符合要求时该实测项目为不合格。

采用统计方法进行评定的关键项目,不符合要求时则该分项工程评为不合格。

分项工程的评分值满分为 100 分,按实测项目采用加权平均法计算。存在外观缺陷或资料不全时,须予减分。

$$\text{分项工程得分} = \frac{\sum[\text{检查项目得分} \times \text{权值}]}{\sum \text{检查项目权值}}$$

分项工程评分值 = 分项工程得分 - 外观缺陷减分 - 资料不全减分

(1)基本要求检查

分项工程所列基本要求,对施工质量优劣具有关键作用,应按基本要求对工程进行认真检查。经检查不符合基本要求规定时,不得进行工程质量的检验和评定。

(2)实测项目计分

对规定检查项目采用现场抽样方法,按照规定频率和下列计分方法对分项工程的施工质量直接进行检测计分。

检查项目除按数理统计方法评定的项目以外,均应按单点(组)测定值是否符合标准要求进行评定,并按合格率计分。

$$检查项目合格率 = \frac{检查合格的点(组)数}{该检查项目的全部检查点(组)数} \times 100\%$$

$$检查项目得分 = 检查项目合格率 \times 100$$

对于路基路面的压实度、弯沉值、路面结构层厚度、水泥混凝土抗压和抗弯拉强度、半刚性材料强度及路面横向力系数等检查项目,则应按要求采用有关数理统计方法进行评定计分。除路面横向力系数外,其余均为分项工程中的关键项目,不符合要求时该分项工程评为不合格。

(3)外观缺陷减分

对工程外表状况应逐项进行全面检查,如发现外观缺陷,应予减分。对于较严重的外观缺陷,施工单位须采取措施进行整修处理。

(4)资料不全减分

分项工程的施工资料和图表残缺,缺乏最基本的数据,或有伪造涂改者,不予检验和评定。资料不全者应予减分,减分幅度可按《公路工程质量检验评定标准(土建工程)》(JTG F80/1—2004)所列各款逐款检查,视资料不全情况,每款减 1~3 分。

❷ 分部工程和单位工程质量评分

分项工程和分部工程区分为一般工程和主要(主体)工程,分别给予 1 和 2 的权值。进行分部工程和单位工程评分时,采用加权平均值计算法确定相应的评分值。

$$分部(单位)工程评分值 = \frac{\sum[分项(分部)工程评分值 \times 相应权值]}{\sum 分项(分部)工程权值}$$

❸ 合同段和建设项目工程质量评分

合同段和建设项目工程质量评分值按《公路工程竣(交)工验收办法》计算。

❹ 质量保证资料

施工单位应有完整的施工原始记录、试验数据、分项工程自查数据等质量保证资料,并进行整理分析,负责提交齐全、真实和系统的施工资料和图表。工程监理单位负责提交齐全、真实和系统的监理资料。质量保证资料应包括以下六个方面:

(1)所用原材料、半成品和成品质量检验结果。

(2)材料配比、拌和加工控制检验和试验数据。

(3)地基处理、隐蔽工程施工记录和大桥、隧道施工监控资料。

(4)各项质量控制指标的试验记录和质量检验汇总图表。

(5)施工过程中遇到的非正常情况记录及其对工程质量影响分析。

(6)施工过程中如发生质量事故,经处理补救后,达到设计要求的认可证明文件等。

三 工程质量等级评定办法

工程质量评定分为合格和不合格两个等级,应按分项、分部、单位工程、合同段和建设项目逐级评定。

① 分项工程质量等级评定

分项工程评分值不小于 75 分者为合格,小于 75 分者为不合格;机电工程、属于工厂加工制造的桥梁金属构件不小于 90 分者为合格,小于 90 分者为不合格。

评定为不合格的分项工程,经加固、补强或返工、调测,满足设计要求后,可以重新评定其质量等级,但计算分部工程评分值时按其复评分值的 90% 计算。

② 分部工程质量等级评定

所属各分项工程全部合格,则该分部工程评为合格;所属任一分项工程不合格,则该分部工程为不合格。

③ 单位工程质量等级评定

所属各分部工程全部合格,则该单位工程评为合格;所属任一分部工程不合格,则该单位工程为不合格。

④ 合同段和建设项目质量等级评定

合同段和建设项目所属单位工程全部合格,则该建设项目的工程质量评为合格;所属任一单位工程不合格,则该合同段和建设项目的工程质量评为不合格。

【例题 1-1】 某二级公路仅有路基、路面两个单位工程,其分部工程有路基土石方工程(分项工程仅土方工程 1 项,该分项工程实测项目得分 93 分,外观扣 2 分)、涵洞、通道工程得分 85 分(分项工程均合格),排水工程(含浆砌排水沟分项工程和急流槽分项工程,合格)得分 82 分,路面工程(分项工程均合格)得分 88 分。试对此二级公路各分部工程和单位工程进行评分,并确定其质量等级。

解:(1)分部工程
①路基土石方工程:土方分项工程得分为 93 − 2 = 91 分,合格。
所以,该路基土石方分部工程得分 91 分,所属分项工程全合格,该分部工程合格。
②涵洞、通道工程:85 分,所属分项工程全部合格,该分部工程合格。
③排水工程:82 分,所属分项工程全部合格,该分部工程合格。
④路面工程:88 分,所属分项工程全部合格,该分部工程合格。
(2)单位工程
①路基工程得分为:$\dfrac{91 \times 2 + 85 \times 1 + 82 \times 1}{4} = 87.25$ 分,所属分部工程全部合格,该

单位工程合格。

注:路基土方工程属主要工程,其权值为2;涵洞、通道工程为一般工程,其权值为1;排水工程为一般工程,其权值为1。

②路面工程:88分,所属分部工程全部合格,该单位工程合格。

【例题 1-2】 某一级公路分部工程项目C,包含A和B两个分项工程,两分项工程权值均为1,两者的实测项目得分见表1-3。

分项工程 A、B 的实测项目得分 表1-3

	实测项目	A1	A2	A3	A4	A5	A6	A7	扣分和减分
分项工程 A	工程实测得分	95	93	90	89	88	85	90	2
	规定权值	3	3	2	2	2	2	1	
	实测项目	B1	B2	B3	B4	B5	B6		扣分和减分
分项工程 B	工程实测得分	96	80	76	75	85	83		3
	规定权值	3	1	1	1	1	1		

实测项目 B1 的得分值是在分项工程 B 第一次实测计算得分评定为不合格后,进行返工处理并满足设计要求后测得的分值,试计算分部工程 C 的得分值并评定其质量等级。

解:分项工程 A 的得分值 $= \dfrac{95 \times 3 + 93 \times 3 + 90 \times 2 + 89 \times 2 + 88 \times 2 + 85 \times 2 + 90 \times 1}{3+3+2+2+2+2+1}$

$= 90.53$ 分

分项工程 A 的评分值 = 分项工程得分 − 外观缺陷扣分 − 资料不全扣分

$= 90.53 - 2 = 88.53$ 分

分项工程 B 的得分值 $= \dfrac{96 \times 3 + 80 \times 1 + 76 \times 1 + 75 \times 1 + 85 \times 1 + 83 \times 1}{3+1+1+1+1+1}$

$= 85.875$ 分

分项工程 B 的评分值 = 分项工程得分 − 外观缺陷扣分 − 资料不全扣分

$= 85.875 - 3 = 82.875$ 分

因为分项工程 B 是返工后的评分值,在进行分部工程评分时,应按复评分值的 90% 计算。

分部工程 C 的最后得分值 $= \dfrac{88.53 + 82.875 \times 0.9}{1+1} = 81.56$ 分 > 75 分

所以分部工程 C 评定为合格。

单元小结

本单元主要阐述了如下内容:
(1)试验检测的目的和意义,对试验检测人员的要求。
(2)工程质量评分方法:
①单位、分部及分项工程的划分。

②在分项工程评分的基础上,逐级计算各相应分部工程、单位工程、合同段和建设项目评分值。

③分项工程质量检验内容包括基本要求、实测项目、外观鉴定和质量保证资料四个部分;分项工程的评分值满分为100分,按实测项目采用加权平均法计算。存在外观缺陷或资料不全时,须予减分。

④分部工程和单位工程质量评分。

⑤合同段和建设项目工程质量评分。

(3)工程质量等级评定办法。工程质量评定分为合格和不合格两个等级,应按分项、分部、单位工程和建设项目逐级评定。

(4)工程案例。

自我检测

1. 加强试验检测工作,对工程质量控制有何意义?
2. 简述对检测人员的基本要求。
3. 简述工程质量评分方法及等级评定办法。
4. 分项工程质量等级评定时,质量保证资料主要包括哪些内容?
5. 土方路基属于主要工程还是一般工程?权值为多少?进行外观鉴定时,在什么情况下应扣分?扣多少分?
6. 某桥梁上部结构为现浇连续梁,在进行质量等级评定时,各分项工程评分见表1-4。

分项工程评分值　　　　　　　　　　表1-4

项目	钢筋加工	预应力筋张拉	主梁浇筑	护栏浇筑
评分值	95	98	94	85

分析评定该桥梁上部结构的质量等级。

单元 2

试验检测数据处理

 学习目标

1. 能对路基路面现场测试进行随机选点;
2. 能进行抽样检验;
3. 能对试验数据进行记录和修约;
4. 能正确使用法定计量单位;
5. 了解数据的统计特征与概率分布;
6. 能对可疑数据进行分析、取舍。

 工作任务

1. 路基路面现场测试,按照随机选点方法确定测点位置;
2. 对照试验规程中对试验检测数据有效位数的保留要求,按照数据处理原则对数据进行正确修约,单位符合法定计量单位的要求;
3. 判断试验数据是否可疑,并进行正确取舍。

 教学建议

基于现场测试随机选点方法,实现"教、练"一体的教学方法,通过练习,熟悉正确的选点方法;通过例题和练习,熟练掌握试验检测数据修约的基本功;会用 3 倍标准差法进行数据取舍。

工程质量的评定是以试验检测数据为依据的,试验检测采集得到的原始数据种类多数量大,有时杂乱无章,甚至还有错误。因此,必须对原始数据进行分析处理,才能得到可靠的试验检测结果。

> **学习指南**

现场测试采用随机选点的方法,主要目的是为了避免取样的位置带有倾向性,带有主观性。随机选点方法是公路工程现场测试必备的技能。

试验检测数据修约有其特定的原则,不能按照"四舍五入"法修约,因为按照"四舍五入"法修约后的数值,所得到的均值偏大,所以在试验检测中不予采用。

个别的测量值出现异常时,可简单地用3倍标准差(3S)确定可疑数据是否取舍。

本单元基于试验检测数据处理的工作过程,分解为一个任务与两个技能训练。每个学生应沿着如下流程进行学习:

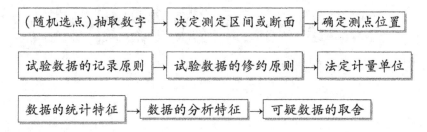

2.1 抽样检验

一、总体与样本

在工程质量检验中,除特殊项目外,大多数采用抽样检验,这就涉及总体与样本的概念。

总体又称母本,是统计分析中所要研究对象的全体。而组成总体的每个单元称为个体。

从总体中抽取一部分个体就是样本(又称子样)。例如,从每一桶沥青中抽取两个试样,一批沥青有100桶,抽检了200个试样做试验,则这100桶沥青称为总体,200个试样是样本。而组成样本的每一个个体,即为样品。例如上述200个试样中的某一个,就是该样本中的一个样品。其关系如图2-1所示。

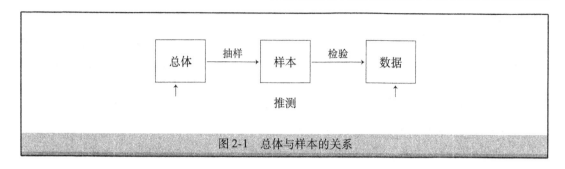

图2-1 总体与样本的关系

二 抽样检验的条件与方法

抽样检验是从全批中抽取较少的样本进行检验,根据试验结果来判定全批产品是否合格或不合格。因此,为使抽样检验对判定质量好坏提供准确的信息,必须注意抽样检验应具备的条件。

1 要明确批的划分

要注意使同批产品在原材料、工艺条件、生产时间等方面具备基本相同的条件。例如,抽样检验水泥、沥青等物品的质量特性时,应将相同厂家、相同品种或强度等级的产品作为一个批,而不能将不同生产厂家和不同牌号的水泥或沥青划在一个批内。

2 必须抽样能代表批的样本

由于抽样检验是以样本检验结果来推断批的好坏,故样本的代表性尤为重要。为使所抽取的样本能成为批的可靠代表,常采用随机抽样的方法。例如有一批产品,共100箱,每箱20件,从中选择200个样品,一般有以下几种抽样方法:

(1)从整批中,任意抽取200件。

(2)从整批中,先分成10组,每组为10箱,然后分别从各组中任意抽取20件。

(3)从整批中,分别从每箱中任意抽取2件。

(4)从整批中,任意抽取10箱,对这10箱进行全数检验。

上述四种方法,分别称为单纯随机抽样、系统抽样、分层抽样、密集群抽样。一次随机抽样的方法有多种,适合于公路工程质量检验的随机抽样方式一般有以下三种:

(1)单纯随机抽样。在总体中,直接抽取样本的方法即为单纯随机取样。这是一种完全随机化的抽样方法,它适用于对总体缺乏基本了解的场合。随机取样并不意味着随便地、任意地取样,它可利用随机表或随机数骰子等工具进行抽样,此方法可以保证总体每个单位出现的概率相同。

(2)分层抽样。分层抽样法是将工程或工序分成若干层,然后从所有分层中按一定比例取样。一项工程或工序是由若干不同的班组施工的,例如有两台搅拌机同时拌制原材料相同的同强度等级混凝土,为检验混凝土生产质量,采用抽样方法时,应注意对两台搅拌机分别取样,这样便于了解不同"层"的产品质量特性,研究各层造成不良品率的原因。

（3）系统取样。有系统地将总体分成若干部分，然后从每一个部分抽取一个或若干个个体，组成样本。这一方法称为系统取样。在工程质量控制中，系统抽样的实现主要有以下三种方式：

①将比较大的工程分为若干部分，再根据样本容量的大小，对每部分按比例进行单纯随机抽样，将各部分抽取的样品组合成一个样本。

②间隔定时法。每隔一定的时间，从工作面抽取一个或若干个样品。该方法适用于工序质量控制。

③间隔定量法。每隔一定数量的产品，抽取一个或若干个样品。该方法主要适用于工序质量控制。

2.2 路基路面现场测试随机选点方法

一、路基路面现场测试随机选点的意义

为了公正、合理地反映工程质量状况，取样的位置不应带有任何倾向性，应该根据随机数表确定现场取样的具体位置。详见《公路路基路面现场测试规程》(JTG E60—2008)。

二、任务描述

按照随机选点规定，拟从 K36+000~K37+000 的 1km 检测路段中选择 20 个断面测定路面宽度、高程、横坡等外形尺寸，在该路段选择 6 个测点进行钻孔取样检测压实度、沥青用量和矿料级配等。

三、任务分析

随机取样选点方法，是按数理统计原理在路基路面现场测定时决定测定区间、测定断面、测点位置。它适用于路基路面各个层次及各种现场测定时使用。

应用随机数表（已根据数理统计原理换算而成）确定现场取样位置时，应事先准备好编

号为 1~28 共 28 块硬纸片,并将其装入布袋中。下面分测定区间或测定断面和测点位置两种情况加以讨论。

四 测定区间或断面的确定方法

(1)路段确定,根据路面施工或验收、质量评定方法等有关规范决定需检测的路段。它可以是一个作业段、一天完成的路段或路线全程,在路基路面工程检查验收时,通常以 1km 为一个检测路段,此时检测路段的确定也按本方法的步骤进行。

(2)将确定的测试路段划分为一定长度的区间或按桩号间距(一般为 20m)划分为若干个断面,将其编号为第 n 个区间或第 n 个断面,其总的区间数或断面数为 T。

(3)从布袋中随机摸出一块硬纸片,硬纸片上的号数即随机数(表2-1)上的栏号,从 1~28 栏中选出该栏号的一栏。

(4)按照测定区间数、断面数的频度要求(总的取样数 n,当 $n>30$ 时应分次进行),依次找出与 A 列中 01、02、…、n 对应的 B 列中的值,共 n 对对应的 A、B 值。

(5)将 n 个 B 值与总的区间数或断面数 T 相乘,四舍五入成整数,即得到 n 个断面的编号,与 A 列的 1、2、…、n 对应。

一般取样的随机数表 表2-1

栏号11			栏号12			栏号13			栏号14			栏号15		
A	B	C	A	B	C	A	B	C	A	B	C	A	B	C
27	0.074	0.779	16	0.078	0.987	03	0.033	0.091	26	0.035	0.175	15	0.023	0.979
06	0.084	0.396	23	0.087	0.056	07	0.047	0.391	17	0.089	0.363	11	0.118	0.465
24	0.098	0.524	17	0.096	0.076	28	0.064	0.113	10	0.149	0.681	07	0.134	0.172
10	0.133	0.919	04	0.153	0.163	12	0.066	0.360	28	0.238	0.075	01	0.139	0.230
15	0.187	0.079	10	0.254	0.834	26	0.076	0.552	13	0.244	0.767	16	0.145	0.122
17	0.227	0.767	06	0.284	0.628	30	0.087	0.101	24	0.262	0.366	20	0.165	0.520
20	0.236	0.571	12	0.305	0.616	02	0.127	0.187	08	0.264	0.651	06	0.185	0.481
01	0.245	0.988	25	0.319	0.901	06	0.144	0.068	18	0.285	0.311	09	0.211	0.316
04	0.317	0.291	01	0.320	0.212	25	0.202	0.674	02	0.340	0.131	14	0.248	0.348
29	0.350	0.911	08	0.416	0.372	01	0.247	0.025	29	0.353	0.478	25	0.249	0.890
26	0.380	0.104	13	0.432	0.556	23	0.253	0.323	06	0.359	0.270	13	0.252	0.577
28	0.425	0.864	02	0.489	0.827	24	0.320	0.651	30	0.387	0.248	30	0.273	0.088
22	0.487	0.526	29	0.503	0.787	10	0.328	0.365	14	0.392	0.694	18	0.277	0.689
05	0.552	0.571	15	0.518	0.717	27	0.338	0.412	03	0.408	0.077	22	0.372	0.958
14	0.564	0.357	28	0.524	0.998	13	0.356	0.991	27	0.440	0.280	10	0.461	0.075

续上表

栏号11			栏号12			栏号13			栏号14			栏号15		
A	B	C	A	B	C	A	B	C	A	B	C	A	B	C
11	0.572	0.306	03	0.542	0.352	16	0.401	0.792	22	0.461	0.830	28	0.519	0.536
21	0.594	0.197	19	0.585	0.462	17	0.423	0.117	16	0.527	0.003	17	0.520	0.090
09	0.607	0.524	05	0.695	0.111	21	0.481	0.838	20	0.531	0.486	03	0.523	0.519
19	0.650	0.572	07	0.733	0.838	08	0.560	0.401	25	0.678	0.360	26	0.573	0.502
18	0.664	0.101	11	0.744	0.948	19	0.564	0.190	21	0.725	0.014	19	0.634	0.206
25	0.674	0.428	18	0.793	0.748	05	0.571	0.054	05	0.787	0.595	24	0.635	0.810
02	0.697	0.674	27	0.802	0.967	18	0.587	0.584	15	0.801	0.927	21	0.679	0.841
03	0.767	0.928	21	0.826	0.487	15	0.604	0.145	12	0.836	0.294	27	0.712	0.368
16	0.809	0.529	24	0.835	0.832	11	0.641	0.298	04	0.854	0.982	05	0.780	0.497
30	0.838	0.294	26	0.855	0.142	22	0.672	0.156	11	0.884	0.928	23	0.861	0.106
13	0.845	0.470	14	0.861	0.462	20	0.674	0.887	19	0.886	0.832	12	0.865	0.377
08	0.855	0.524	20	0.874	0.625	14	0.752	0.881	07	0.929	0.932	29	0.882	0.635
07	0.867	0.718	30	0.929	0.056	09	0.774	0.560	09	0.932	0.206	08	0.902	0.020
12	0.881	0.722	09	0.935	0.582	29	0.921	0.752	01	0.970	0.692	04	0.951	0.482
23	0.937	0.872	22	0.947	0.797	04	0.959	0.099	23	0.973	0.082	02	0.977	0.172

注：此表共28个栏号，第1~10、16~28栏号中的A、B、C值可见《公路路基路面现场测试规程》(JTG E60—2008)。

五 任务实施（断面确定）

该路段断面决定方法如下：

(1) 1km总长的断面数，$T = 1000/20 = 50$个，编号1、2、…、50。

(2) 从布袋中摸出一块硬纸片，其编号为14，即使用随机数（表2-1）的第14栏。

(3) 从第14栏A列中挑出小于20所对应的B列数值，将B与T相乘，四舍五入得到20个编号，并得到20个断面的桩号，如表2-2所示。

路面宽度、高程、横坡检测断面随机选点计算表　　　　表2-2

断面编号	14栏A列	B列	$B \times T$	断面号	桩号
1	17	0.089	4.45	4	K36+080
2	10	0.149	7.45	7	K36+140
3	13	0.244	12.2	12	K36+240
4	08	0.264	13.2	13	K36+260
5	18	0.285	14.25	14	K36+280
6	06	0.340	17.05	17	K36+340
7	06	0.359	17.95	18	K36+360
8	20	0.387	19.35	19	K36+380

续上表

断面编号	14栏A列	B列	B×T	断面号	桩号
9	14	0.392	19.60	20	K36+400
10	03	0.408	20.40	20	K36+420
11	16	0.527	26.35	26	K36+520
12	05	0.797	39.85	40	K36+800
13	15	0.801	40.05	40	K36+820
14	12	0.836	41.8	42	K36+840
15	04	0.854	42.7	43	K36+860
16	11	0.884	44.2	44	K36+880
17	19	0.886	44.3	44	K36+900
18	07	0.929	46.45	46	K36+920
19	09	0.932	46.6	47	K36+940
20	01	0.970	48.5	49	K36+980

六 测点位置的确定方法

(1)从布袋中任意取出一块硬纸片,纸片上的号数即为随机数表2-1中的栏号。从1~28栏中选出该栏号的一栏。

(2)按照测点数的频度要求(总的取样为n)依次找出栏号的取样位置数,每个栏号均有A、B、C三列。根据检验数量n(当$n>30$时应分次进行),在所定栏号的A列找出等于所需取样位置数的全部数,如01、02、…、n。

(3)确定取样位置的纵向距离,找出与A列中相对应的B列中数值,以此数乘以检测区间的总长度,并加上该段的起点桩号,即得出取样位置距该段起点的距离或桩号。

(4)确定取样位置的横向距离,找出与A列中相对应的C列中的数值,以此数乘以检查路面的宽度,再减去宽度的一半,即得出取样位置离路面中心线的距离。如差值是正值(+),表示在中心线的右侧;如差值是负值(-),表示在中心线的左侧。

七 任务实施(测点确定)

该路段6个测点,即钻孔位置确定方法如下:
(1)选定的随机数栏为栏号11。
(2)栏号中从上至下小于6的数为:06、01、04、05、02及03。
(3)表2-1栏号11的B列中与这6个数相应的数为0.084、0.245、0.317、0.552、0.697及0.767。
(4)取样路段长度1 000m,计算得出6个乘积(取样位置与该段起点的距离)分别为84m、245m、317m、552m、697m及767m。

(5)表2-1栏号11的 C 列中与 A 列数值相应的数为0.396、0.988、0.291、0.571、0.674及0.928。

(6)路面宽度为10m,计算得6个乘积分别是3.96m、9.88m、2.91m、5.71m、6.74m及9.28m。因此6个取样的横向位置分别是左1.04m、右4.88m、左2.09m、右0.71m、右1.74m及右4.28m,上述计算结果列于表2-3。

钻孔位置随机取样选点计算表　　　　　　　　表2-3

栏号11		取样路段长1 000m		路面宽度10m		测点数6个
测点编号	A列	B列	距起点距离(m)	桩号	C列	距路边缘距离(m)	距中线位置(m)
NO.1	06	0.084	84	K36+084	0.396	3.96	左1.04
NO.2	01	0.245	245	K36+245	0.988	9.88	右4.88
NO.3	04	0.317	317	K36+317	0.291	2.91	左2.09
NO.4	05	0.552	552	K36+552	0.571	5.71	右0.71
NO.5	02	0.697	697	K36+697	0.674	6.74	右1.74
NO.6	03	0.767	767	K36+767	0.928	9.28	右4.28

2.3 数据的记录及修约规则

一、试验数据的记录原则

原始数据是试验检测结果的如实记录,不允许随意更改,不允许删减。

原始记录应印成一定格式的记录表,其格式根据检测要求的不同可以有所不同。原始记录表主要应包括:产品名称、型号、规格;产品编号、生产单位;抽样地点;检测项目、检测编号、检测地点;温度、湿度;主要检测仪器名称、型号、编号;检测原始记录数据、数据处理结果;检测人、复核人;试验日期等。

记录表中应包括所要求记录的信息及其他必要信息,以便在必要时能够判断检测工作在哪个环节可能出现差错。同时根据原始记录提供的信息,能在一定准确度内重复所做的检测工作。

工程试验检测原始记录一般不得用铅笔填写,内容应填写完整,应有试验检测人员和计算校核人员的签名。

原始记录如果确需更改,作废数据应画两条水平线,将正确数据填在上方,更改人应在更改处签名。原始记录应集中保管,保管期一般不得少于两年。原始记录保存方式也可用计算机软盘。

原始记录经过计算后的结果即检测结果必须有人校核,校核者必须在本领域有五年以上工作经验。校核者必须在试验检测记录和报告中签字,以示负责。校核者必须认真核对检测数据,校核量不得少于所检测项目的5%。

二 试验数据的修约原则

1 修约间隔

修约间隔是指确定修约保留位数的一种方式。修约间隔的数值一经确定,修约值即应为该数值的整数倍。

例如指定修约间隔为0.1,修约值即应在0.1的整数倍中选取,相当于将数值修约到1位小数,又如指定修约间隔为100,修约值即应在100的整数倍中选取,相当于将数值修约到"百"位数。

0.5单位修约(半个单位修约)是指修约间隔为指定数位的0.5个单位,即修约到指定数位的0.5个单位。

0.2单位修约是指修约间隔为指定数位的0.2单位,即修约到指定数位的0.2单位。

2 原始数据及结果处理

原始数据及结果处理中一般常用的数值修约规则如下。

(1)拟舍去的数字中,其最左面的第一位数字小于5时,则舍去,留下的数字不变。

【例题2-1】 将18.243 2修约只留一位小数时,其拟舍去的数字中最左面的第一位数字是4,则可舍去,结果成18.2。

【例题2-2】 将18.243 2修约到个位数,结果为18。

(2)拟舍去的数字中,其最左面的第一位数字大于等于6时,则进1,即所留下的末位数字加1。

【例题2-3】 将26.484 3修约只留一位小数时,其拟舍去的数字中最左面的第一位数字是8,则应进1,结果成26.5。

【例题2-4】 将1 268修约到十位数,即修约间隔为10,结果为1 270。

(3)拟舍去的数字中,其最左面的第一位数字等于5时,而后面的数字并非全部为0时,则进1,即所留下的末位数字加1。

【例题2-5】 将15.050 1修约只留一位小数时,其拟舍去的数字中最左面的第一位数字是5,5后面的数字还有01,故进1,结果为15.1。

【例题2-6】 将12.502修约为个位数,结果为13。

(4)拟舍去的数字中,其最左面的第一位数字等于 5 时,而后面无数字或全部为 0 时,所保留的数字末位如为奇数(1、3、5、7、9)则进 1,如为偶数(0、2、4、6、8)则舍去。

【例题 2-7】 将下列各数字修约只留一位小数时,其拟舍去的数字中最左面的第一位数字是 5,5 后面无数字,根据所留末位数的奇偶关系,结果为:

15.05	15.0	(因为"0"是偶数)
15.15	15.2	(因为"1"是奇数)
15.25	15.2	(因为"2"是偶数)
15.45	15.4	(因为"4"是偶数)

【例题 2-8】 将下列各数字修约到"百"位数,即修约间隔为 100,其拟舍去的数字中最左面的第一位数字是 5,5 后面全部为 0,结果为:

3 550	3 600	(因为"5"是奇数)
5 150	5 200	(因为"1"是奇数)
8 250	8 200	(因为"2"是偶数)
7 450	7 400	(因为"4"是偶数)

【例题 2-9】 将下列各数字修约到个位数,即修约间隔为 1,其拟舍去的数字中最左面的第一位数字是 5,5 后面无数字或全部为 0,结果为:

273.500	274	(因为"3"是奇数)
2.5	2	(因为"2"是偶数)
36.50	36	(因为"6"是偶数)
157.50	158	(因为"7"是奇数)

(5)0.5 单位修约时,将拟修约数值乘以 2,按指定位数依进舍规则修约,所得数值再除以 2。

【例题 2-10】 将下列数字修约到个位数的 0.5 单位(即修约间隔为 0.5)。

拟修约数字	乘 2	2A 修约值(修约间隔 1)	A 修约值(修约间隔 0.5)
50.25	100.50	100	50.0
51.25	102.50	102	51.0
50.38	100.76	101	50.5
50.75	101.50	102	51.0
51.75	103.50	104	52.0

(6)0.2 单位修约时,将拟修约数值乘以 5,按指定位数依进舍规则修约,所得数值再除以 5。

【例题 2-11】 将下列数字修约到百位数的 0.2 单位(或修约间隔 20)。

拟修约数字	乘 5	5A 修约值(修约间隔 1)	A 修约值(修约间隔 20)
830	4 150	4 200	840
810	4 050	4 000	800
842	4 210	4 200	840

③ 数值修约注意事项

拟舍去的数字并非单独的一个数字时,不对该数值连续进行修约,应按拟舍去的数字中最左面的第一位数字的大小,照上述各条一次修约完成。

【例题2-12】 将15.454 6修约成整数时,不应按15.454 6→15.455→15.46→15.5→16进行,而应按15.454 6→15进行修约。

④ 数值修约规则与"四舍五入"方法的区别

上述数值修约规则(有时就称之为"奇进偶舍"法)与以往用的"四舍五入"方法的区别在于,用"四舍五入"法对数值进行修约,从很多修约后的数值中得到的均值偏大,用上述修约规则,取舍的状况具有平衡性,取舍误差也具有平衡性,若干数值经过这种修约后,修约值之和变大的可能性与变小的可能性是一样的。

⑤ 修约口诀

为便于记忆,将上述规则归纳为以下几句口诀:**四舍六入五考虑,五后非零则进一,五后为零视奇偶,奇进偶舍要注意,修约一次要到位。**

三 法定计量单位

1985年9月6日,我国公布的《计量法》明确规定,国家实行法定计量单位制度。法定计量单位制度是政府以法令的形式,明确规定要在全国范围内采用的计量单位。《计量法》规定:"国家采用国际单位制。国际单位制计量单位和国家选定的其他计量单位,为国家法定计量单位。"

"国际单位制"用符号SI表示。SI由于结构合理、科学简明、方便实用,适用于众多科技领域和各行各业,可实现世界范围内计量单位的统一,因而在国际上获得广泛承认和接受,成为科技、经济、文教、卫生等各界的共同语言。

① 国际单位的基本单位

SI基本单位是SI的基础,SI选择了长度、质量、时间、电流、热力学温度、物质的量和发光强度七个基本量,其名称和符号见表2-4。

国际单位制的基本单位　　　　　　　　　　　　　　　　表2-4

量的名称	单位名称	单位符号	量的名称	单位名称	单位符号
长度	米	m	热力学温度	开尔文	K
质量	千克(公斤)	kg	物质的量	摩尔	mol
时间	秒	s	发光强度	坎德拉	cd
电流	安培	A			

❷ SI 导出单位

部分包括 SI 辅助单位在内的具有专门名称的导出单位列于表2-5。

部分包括 SI 辅助单位在内的具有专门名称的导出单位　　表2-5

量的名称	单位名称	单位符号	量的名称	单位名称	单位符号
[平面]角	弧度	rad	能[量],功,热量	焦[耳]	J
频率	赫[兹]	Hz	功率,辐[射能]通量	瓦[特]	W
力	牛[顿]	N	电压,电动势,电位,(电势)	伏[特]	V
压力,压强,应力	帕[斯卡]	Pa	摄氏温度	摄氏度	℃

❸ SI 单位的倍数单位

SI 中规定了20个构成十进倍数和分数单位的词头和所表示的因数。这些词头不能单独使用,也不能重叠使用,它们仅用于与 SI 单位(kg 除外)构成 SI 单位的十进倍数单位和十进分数单位,详见表2-6。

常见用于构成十进倍数和分数单位的词头　　表2-6

所表示的因数	词头名称	词头符号	所表示的因数	词头名称	词头符号
10^6	兆	M	10^{-1}	分	d
10^3	千	k	10^{-2}	厘	c
10^2	百	h	10^{-3}	毫	m
10^1	十	da	10^{-6}	微	μ

❹ 国家选定的其他计量单位

此外,我国还选定了若干非 SI 单位与 SI 单位,一起作为国家的法定计量单位,它们具有同等的地位,详见表2-7。

国家选定的常见其他计量单位　　表2-7

量的名称	单位名称	单位符号	量的名称	单位名称	单位符号
时间	分	min	质量	吨	t
	小时	h			
	天(日)	d			
旋转角度	转每分	r/min	体积	升	L

【例题2-13】 改正以下检测数据的法定计量单位:mpa、CM、cM、KPa、kPA、MM、Dm、H(小时)、T(吨)、D(天)。

正确的法定计量单位分别为:MPa、cm、cm、kPa、kPa、mm、dm、h(小时)、t(吨)、d(天)。

2.4 数据的统计特征与概率分布

一 数据的统计特征

工程质量数据的统计特征量分为两类：一类是表示统计数据的规律性，主要有算术平均值、中位数、加权平均值等；另一类表示统计数据的差异性，即工程质量的波动性，主要有极差、标准偏差、变异系数等。

1 算术平均值

算术平均值是表示一组数据集中位置最有用的统计特征量，经常用样本的算术平均值来代表总体的平均水平。样本的算术平均值用 $\bar{x}$ 表示。如果 n 个样本数据为 x_1、x_2、$\cdots$、x_n，那么，样本的算术平均值为：

$$\bar{x} = \frac{1}{n}(x_1 + x_2 + \cdots + x_n) = \frac{1}{n}\sum_{i=1}^{n} x_i \tag{2-1}$$

【例题 2-14】 某路段沥青混凝土面层抗滑性能检测，摩擦系数的检测值（共 10 个测点）分别为 58、56、60、53、48、54、50、61、57、55（摆值）。求摩擦系数的算术平均值。

解：由式(2-1)可知，摩擦系数的算术平均值为：

$$\overline{F}_B = \frac{1}{10}(58 + 56 + 60 + 53 + 48 + 54 + 50 + 61 + 57 + 55) = 55.2 \quad （摆值）$$

2 中位数

在一组数据 x_1、x_2、$\cdots$、x_n 中，按其大小次序排序以排在正中间的一个数表示总体的平均水平，称之为中位数，或称中值，用 $\tilde{x}$ 表示。n 为奇数时，正中间的数只有一个；n 为偶数时，正中间的数有两个，取这两个数的平均值作为中位数，即：

$$\tilde{x} = \begin{cases} x_{\frac{n+1}{2}} & （n \text{ 为奇数}） \\ \frac{1}{2}(x_{\frac{n}{2}} + x_{\frac{n}{2}+1}) & （n \text{ 为偶数}） \end{cases} \tag{2-2}$$

【例题 2-15】 检测值同【例题 2-12】，求中位数。

解：检测值按大小次序排列为：61、60、58、57、56、55、54、53、50、48（摆值），则中位数为：

$$\tilde{F}_B = \frac{F_{B(5)} + F_{B(6)}}{2} = \frac{56 + 55}{2} = 55.5 \quad （摆值）$$

③ 极差

在一组数据中最大值与最小值之差，称为极差，记作 R。

$$R = x_{\max} - x_{\min} \tag{2-3}$$

【例题 2-16】 【例题 2-12】中的检测数据的极差为：

$$R = F_{B\max} + F_{B\min} = 61 - 48 = 13 \quad （摆值）$$

极差没有充分利用数据的信息，但计算十分简单，仅适用于样本容量较小（$n < 10$）的情况。

④ 标准偏差

标准偏差有时也称标准离差、标准差或均方差，它是衡量样本数据波动性（离散程度）的指标。在质量检验中，总体的标准偏差 σ 一般不易求得。样本的标准偏差 S 按式（2-4）计算。

$$S = \sqrt{\frac{(x_1 - \bar{x})^2 + (x_2 - \bar{x})^2 + \cdots + (x_i - \bar{x})^2}{n - 1}} = \sqrt{\frac{\sum_{i=1}^{n}(x_i - \bar{x})^2}{n - 1}} \tag{2-4}$$

$$= \sqrt{\frac{1}{n - 1}\left(\sum_{i=1}^{n} x_i^2 - n \bar{x}^2\right)}$$

【例题 2-17】 仍用【例题 2-14】的数据，求样本标准偏差 S。

解：由式（2-4）可知，样本标准偏差为：

$$S = \left\{ \frac{1}{10 - 1} \left[(58 - 55.2)^2 + (56 - 55.2)^2 + (60 - 55.2)^2 + (53 - 55.2)^2 + \right.\right.$$
$$(48 - 55.2)^2 + (54 - 55.2)^2 + (50 - 55.2)^2 + (61 - 55.2)^2 +$$
$$\left.\left. (57 - 55.2)^2 + (55 - 55.2)^2 \right] \right\}^{1/2} = 4.13 \quad （摆值）$$

⑤ 变异系数

标准偏差用来反映样本数据的绝对波动状况。当测量较大的量值时，绝对误差一般较大；测量较小的量值时，绝对误差一般较小。因此，用相对波动的大小，即变异系数更能反映样本数据的波动性。

变异系数用 C_V 表示，是标准差 S 与算术平均值的比值，即：

$$C_V = \frac{S}{\bar{x}} \times 100\% \tag{2-5}$$

【例题 2-18】 若甲路段沥青混凝土面层的摩擦系数算术平均值为 55.2（摆值），标准偏差为 4.13（摆值）；乙路段摩擦系数算术平均值为 60.8（摆值），标准偏差为 4.27（摆值），则两路段的变异系数为：

甲路段
$$C_V = \frac{4.13}{55.2} = 7.48\%$$

乙路段 $$C_V = \frac{4.27}{60.8} = 7.02\%$$

从标准偏差看，$S_甲 < S_乙$。但从变异系数分析，$C_{V甲} > C_{V乙}$，说明甲路段的摩擦系数相对波动比乙路段的大，面层抗滑稳定性较差。

二、数据的分布特征

试验检测数据属于随机变量，而随机变量具有一定的规律性或分布形式，这种规律性一般用概率分布来描述。概率分布的曲线形式很多，在公路工程质量控制和评价中，常用到正态分布和 t 分布。

1. 正态分布

正态分布是应用最多、最广泛的一种概率分布，而且是其他概率分布的基础。其曲线形状如图2-2所示。

平均值 μ 是 $f(x)$ 曲线的位置参数，它决定曲线最高点的横坐标。标准偏差 σ 是 $f(x)$ 曲线的形状参数，它的大小反映了曲线的宽窄程度。σ 越大，曲线低而宽，说明观测值落在 μ 附近的概率越小，观测值越分散。σ 越小，曲线高而窄，观测值落在 μ 附近的概率越大，观测值越集中（图2-1）。

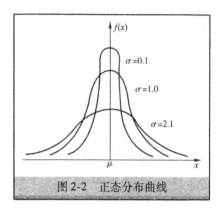

图2-2 正态分布曲线

2. t 分布

正态分布适用于样本较大的统计数据，对小样本统计数据，无法应用正态分布的理论来直接处理，需要用类似正态分布的 t 分布。

当随机变量 x 服从自由度为 n 的 t 分布时，记作 $x \sim t(n)$，其分布图形如图2-3所示。

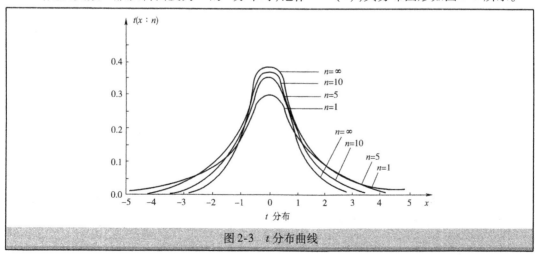

图2-3 t 分布曲线

在施工质量评定中,通常在总体标准偏差 σ 未知时,利用样本标准偏差 S 代替总体标准偏差 σ 来估计平均值置信区间。计算一个评定路段的测定值代表值时,对双侧检验的指标,按式(2-6)计算;对单侧检验指标,按式(2-7)计算。

$$x' = \bar{x} \pm \frac{t_{\alpha/2}}{\sqrt{n}} \cdot S \tag{2-6}$$

$$x' = \bar{x} \pm \frac{t_{\alpha}}{\sqrt{n}} \cdot S \tag{2-7}$$

式中: x'——指一个评定路段内测定值的代表值;
　　　$\bar{x}$——指一个评定路段内测定值的算术平均值;
　　　t_α 或 $t_{\alpha/2}$——t 分布概率系数表中随自由度和置信水平(保证率)而变化的参数,见表2-8 t 分布概率系数表。

t 分布概率系数表 表2-8

n	双边置信水平			单边置信水平		
	99%	95%	90%	99%	95%	90%
	$t_{0.995}/\sqrt{n}$	$t_{0.975}/\sqrt{n}$	$t_{0.95}/\sqrt{n}$	$t_{0.99}/\sqrt{n}$	$t_{0.95}/\sqrt{n}$	$t_{0.90}/\sqrt{n}$
2	45.012	8.985	4.465	22.501	4.465	2.176
3	5.730	2.484	1.686	4.201	1.686	1.089
4	2.921	1.591	1.177	2.270	1.177	0.819
5	2.059	1.242	0.953	1.676	0.953	0.686
6	1.646	1.049	0.823	1.374	0.823	0.603
7	1.401	0.925	0.734	1.188	0.734	0.544
8	1.237	0.836	0.670	1.060	0.670	0.500
9	1.118	0.769	0.620	0.966	0.620	0.466
10	1.028	0.715	0.580	0.892	0.580	0.437
11	0.955	0.672	0.546	0.833	0.546	0.414
12	0.897	0.635	0.518	0.785	0.518	0.393
13	0.847	0.604	0.494	0.744	0.494	0.376
14	0.805	0.577	0.473	0.708	0.473	0.361
15	0.769	0.554	0.455	0.678	0.455	0.347
16	0.737	0.533	0.438	0.651	0.438	0.335
17	0.708	0.514	0.423	0.626	0.423	0.324
18	0.683	0.497	0.410	0.605	0.410	0.314
19	0.660	0.482	0.398	0.586	0.398	0.305
20	0.640	0.468	0.387	0.568	0.387	0.297

续上表

n	双边置信水平			单边置信水平		
	99%	95%	90%	99%	95%	90%
	$t_{0.995}/\sqrt{n}$	$t_{0.975}/\sqrt{n}$	$t_{0.95}/\sqrt{n}$	$t_{0.99}/\sqrt{n}$	$t_{0.95}/\sqrt{n}$	$t_{0.90}/\sqrt{n}$
21	0.621	0.455	0.376	0.552	0.376	0.289
22	0.604	0.443	0.367	0.537	0.367	0.282
23	0.588	0.432	0.358	0.523	0.358	0.275
24	0.573	0.422	0.350	0.510	0.350	0.269
25	0.559	0.413	0.342	0.498	0.342	0.264
26	0.547	0.404	0.335	0.487	0.335	0.258
27	0.535	0.396	0.328	0.477	0.328	0.253
28	0.524	0.388	0.322	0.467	0.322	0.248
29	0.513	0.380	0.316	0.458	0.316	0.244
30	0.503	0.373	0.310	0.449	0.310	0.239
40	0.428	0.320	0.266	0.383	0.266	0.206
50	0.380	0.284	0.237	0.340	0.237	0.184
60	0.344	0.258	0.216	0.308	0.216	0.167
70	0.318	0.238	0.199	0.285	0.199	0.155
80	0.297	0.223	0.186	0.266	0.186	0.145
90	0.278	0.209	0.175	0.249	0.175	0.136
100	0.263	0.198	0.166	0.236	0.166	0.129

【例题2-19】 见单元3表3-7,计算一个评定路段厚度测定值的代表值(单侧检验)。

2.5 可疑数据的取舍方法

一 任务描述

对某路段路面进行弯沉检测,其测试结果为($n=22$):68、58、62、43、55、56、82、54、56、60、58、56、55、49、50、56、62、58、57、48、61、56(0.01mm),试用3S法对以上数据进行取舍。

二 任务分析

在一组条件完全相同的重复试验中,个别的测量值可能会出现异常。如测量值过大或过小,这些过大或过小的数据是不正常的,或称为可疑数据。因此,在进行数据分析之前,应用数理统计法判别其真伪,并决定取舍。常用方法有拉依达法、肖维纳特法、格拉布斯法等。以下仅介绍拉依达法。

当试验次数较多时,可简单地用 3 倍标准差($3S$)作为确定可疑数据取舍的标准,故拉依达法亦称 3 倍标准偏差法,简称 $3S$ 法。当某一测量数据 x_i 与其测量结果的算术平均值 $\bar{x}$ 之差大于 3 倍标准偏差时,用公式表示为:

$$|x_i - \bar{x}| > 3S \qquad (2-8)$$

则该测量数据应舍弃。

取 $3S$ 的理由是:根据随机变量的正态分布规律,在多次试验中,测量值落在 $\bar{x} - 3S$ 与 $\bar{x} + 3S$ 之间的概率为 99.73%,出现在此范围之外的概率为 0.27%,也就是在近 400 次试验中才能遇到一次,这种事件为小概率事件,出现的可能性很小,几乎是不可能,因而在实际试验中,一旦出现,就认为该测量数据是不可靠的,应将其舍弃。

另外,当测量值与平均值之差大于 2 倍标准偏差(即 $|x_i - \bar{x}| > 2S$)时,则该测量值应保留,但需存疑。如发现生产(施工)、试验过程中有可疑的变异时,则该测量值应予舍弃。

三 任务实施

分析上述任务中 22 个测量数据,$x_{min} = 43(0.01\text{mm})$ 和 $x_{max} = 82(0.01\text{mm})$ 最可疑。故应先判别 x_{min} 和 x_{max}。

经计算 $\bar{x} = 57.27(0.01\text{mm})$,$S = 7.667(0.01\text{mm})$,由于:

$$|x_{max} - \bar{x}| = |82 - 57.27| = 24.73 > 3S = 23.001$$
$$|x_{min} - \bar{x}| = |43 - 57.27| = 14.27 < 3S = 23.001$$

因最大值 82 已经超过平均值的 3 倍标准偏差,应予舍弃,此时还需继续判别第二最大值 68:

$$|x_{max} - \bar{x}| = |68 - 57.27| = 10.73 < 3S = 23.001$$

因第二最大值 68 与最小值 43 均未超过平均值的 3 倍标准偏差,故上述测量数据中其余数据均不能舍弃。

拉依达法简单方便,不需查表,但要求较宽,当试验检测次数较多或要求不高时可以应用;当试验检测次数较少时(如 $n < 10$),在一组测量值中即使混有异常值,也无法舍弃。

单元小结

(1)取样的位置不应带有任何倾向性,应该根据随机数表确定现场取样的具体位置。随机选点的方法是按数理统计原理在路基路面现场测定时决定测定区间、测定断面、测点位置的方法。

(2)试验数据的记录应如实、全面,修改时应正确画改;严格遵守试验数据修约原则和法定计量单位制度。

(3)工程质量数据的统计特征量分为两类:一类是表示统计数据的规律性,主要有算术平均值、中位数、加权平均值等;另一类表示统计数据的差异性,即工程质量的波动性,主要有极差、标准偏差、变异系数等。

(4)正态分布是应用最多、最广泛的一种概率分布,而且是其他概率分布的基础。正态分布适用于样本较大的统计数据,对小样本统计数据,无法应用正态分布的理论来直接处理,需要用类似正态分布的 t 分布。当试验次数较多时,可简单地用 3 倍标准差(3S)作为确定可疑数据取舍的标准。

自我检测

1. 何谓总体、样本?
2. 简述路基路面现场测试随机选点方法。
3. 质量数据的统计特征量有哪些?
4. 请修约以下数据:

15.352 8(保留两位小数);125.555(保留整数);15.754 6(保留一位小数);19.999 8(保留两位小数);10.050 001(保留一位小数);16.687 5(保留三位小数);9.45(保留一位小数)10.35(保留一位小数)。

5. 某路段沥青混凝土面层抗滑性能检测,摩擦系数的检测值(共 10 个测点)分别为:58、56、60、53、48、54、50、61、57、55,求摩擦系数的平均值、中位数、极差、标准偏差、变异系数。

单元 3

路基路面几何尺寸及路面结构层厚度检测

 学习目标

1. 能测定路基路面中线偏位、纵断面高程、宽度、路面横坡等;
2. 能采用挖坑及钻芯法测定路面厚度;
3. 会对检测结果进行计算及评定。

 工作任务

严格按照本单元所规定的检测方法和步骤,实施路基路面几何尺寸以及结构层厚度检测;理解公式中各字母符号的意义,正确处理测量结果;按检验评定标准对厚度进行评定。

 教学建议

基于检测路基路面几何尺寸以及结构层厚度的工作过程,实现"教、练"一体的教学方法。

1. 采用结构断面示意图,练习在图中标注各指标;
2. 选取一段模拟路面,实测几何尺寸各指标,并计算结果;
3. 对于结构层厚度检测,实现"理实一体化"教学模式,边讲解,边练习。

学习指南

检查路基路面结构层几何尺寸、厚度是施工质量控制的基本要求。在施工过程中,应逐层检验并控制几何尺寸以及厚度,以便随时调整,确保满足施工技术规范的要求;在交工验收期间也应检测几何尺寸以及厚度,确保满足工程质量检验评定标准的要求。

本课程的学习应安排在掌握《工程测量》的基础知识与基本技能以后进行。

本单元基于检测路基路面几何尺寸以及结构层厚度的工作过程,分解为两个任务。每个学生应沿着如下流程进行学习:

认知路面几何尺寸、厚度检测目的 → 熟悉检测要求 → 掌握检测的方法 →
理解计算公式 → 对厚度进行评定 → 工程检测案例

3.1 路基路面几何尺寸检测

一、路基路面几何尺寸检测的目的

路基路面几何尺寸检测工作是公路工程施工技术管理的一个重要组成部分,也是公路工程施工质量控制和竣工验收评定工作中不可缺少的一个主要环节。按照《公路工程质量检验评定标准(土建工程)》(JTG F80/1—2004),质量评定单元的定量指标检测主要包括内在质量和外形检测两个方面,路基路面内在质量检测指标主要是压实度、弯沉及强度等,外形检测指标包括中线平面偏位、纵断高程、宽度、厚度及横坡等。外形检测指标的质量评定权值与内在质量检测指标相近,在公路工程质量检测中占有重要地位。

几何尺寸检测是指对路基路面平面、纵断面和横断面几何尺寸的测量、检查及评定,应贯穿于公路施工的整个过程,以保证路基路面结构物从设计转化为实体工程过程中,平面位置、高程及其他尺寸满足设计、规范及合同规定的各项要求。

二、几何尺寸项目检测要求

几种常见结构层的几何尺寸检测项目的要求列于表3-1中,其他结构层检测项目的要求参见《公路工程质量检验评定标准(土建工程)》(JTG F80/1—2004)。

几何尺寸项目检测要求　　　　　　　　表 3-1

结构名称	检查项目		规定值或容许偏差		检查方法和频率	权值
			高速公路、一级公路	其他公路		
土方路基	纵断高程(mm)		+10,-15	+10,-20	水准仪:每200m测4断面	2
	中线偏位(mm)		50	100	经纬仪:每200m测4点,弯道加 HY、YH 两点	2
	宽度(mm)		不小于设计		米尺:每200m测4处	2
	横坡(%)		±0.3	±0.5	水准仪:每200m测4个断面	1
	边坡		符合设计要求		尺量:每200m测4处	1
水泥混凝土面层	纵断高程(mm)		±10	±15	水准仪:每200m测4个断面	1
	中线平面偏位(mm)		20		经纬仪:每200m测4个点	1
	路面宽度(mm)		±20		尺量:每200m测4处	1
	横坡(%)		±0.15	±0.25	水准仪:每200m测4个断面	1
沥青混凝土面层	纵断高程(mm)		±15	±20	水准仪:每200m测4个断面	1
	中线平面偏位(mm)		20	30	经纬仪:每200m测4点	1
	宽度(mm)	有侧石	±20	±30	尺量:每200m测4个断面	1
		无侧石	不小于设计值			
	横坡(%)		±0.3	±0.3	水准仪:每200m测4个断面	1

三 任务描述

某路段高速公路沥青混凝土路面,桩号 K73+300~K73+800,现分别对其路面宽度、纵断高程、中线偏位、宽度、横坡、边坡等进行检测。

四 任务分析

根据表 3-1 中各结构层的检查方法和频率,采用测量仪器进行几何尺寸检测,按照《公路工程质量检验评定标准(土建工程)》(JTG F80/1—2004)规定,计算一个评定路段内测定值的平均值、标准差、变异系数,但加宽及超高部分的测定值不参加计算,结果注明不符合规范要求的断面。

五 任务实施

1 仪具与材料

几何尺寸检测所用的仪器与材料有:经纬仪或全站仪、精密水准仪、塔尺、钢卷尺、粉笔等。

❷ 准备工作

(1)在路基或路面上准确恢复桩号。

(2)根据有关施工规范或《公路工程质量检验评定标准(土建工程)》(JTG F80/1—2004)的要求,按随机取样的方法,在一个检测路段内选取测定的断面位置及里程桩号,在测定断面上做标记。通常将公路平面、纵断面、横断面检测取同断面,即路面宽度、横坡、高程及中线偏位、高程、路面宽度、横坡选在同一断面位置,且宜选在整数桩号上。

(3)根据道路设计的要求,确定路基路面各部分的设计宽度的边界位置,在测定位置上用粉笔做上标记。

(4)根据道路设计的要求,确定设计高程的纵断面位置,在测定位置上用粉笔做上记号。

(5)根据道路设计的要求,在与中线垂直的横断面上确定成型后的路面的实际中线标记。

(6)根据道路设计的路拱形状,确定曲线与直线部分的交界位置及路面与路肩(或硬路肩)的交界处,作为横坡检测的标准;当有路缘石或中央分隔带时,以两侧路缘石边缘为横坡测定的基准点,用粉笔做上标记。

❸ 路基路面宽度检测

(1)检测方法与步骤

路基宽度是指行车道与路肩宽度之和,以 m 计;路面宽度包括行车道、路缘带、变速车道、爬坡车道、硬路肩和紧急停车带的宽度,以 m 计。其检测方法如下:

用钢尺沿中心线垂直方向水平量取路基路面各部分的宽度,以 m 计。对高速公路、一级公路,准确至 0.005m;对于其他公路,准确至 0.01m。

测量时量尺应保持水平,不得将尺紧贴路面量取,也不得使用皮尺(图 3-1)。

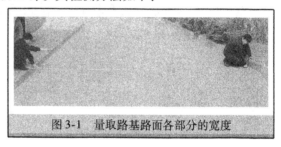

图 3-1 量取路基路面各部分的宽度

(2)计算

各测定断面的实测宽度 B_{1i} 与设计宽度 B_{0i} 之差 ΔB_i 见式(3-1)。

$$\Delta B_i = B_{1i} - B_{0i} \tag{3-1}$$

式中:ΔB_i——各断面的宽度和设计宽度的差值(m);

B_{1i}——各断面的实测宽度(m);

B_{0i}——各断面的设计宽度(m)。

(3)检测结果

路面宽度检测结果见表 3-2,按照宽度的允许偏差进行评定。

路面宽度检测记录表　　　　　　　　　　　　　表 3-2

抽检段落:K73+300~K73+800　　　　施工单位:

桩号	设计(m)		实测(m)		偏差	
	左	右	左	右	左	右
K73+300		11.25		11.268		0.018
K73+350		11.25		11.270		0.020
K73+400		11.25		11.268		0.018
K73+450		11.25		11.270		0.020
K73+500		11.25		11.240		-0.010
K73+550		11.25		11.268		0.018
K73+600		11.25		11.262		0.012
K73+650		11.25		11.265		0.015
K73+700		11.25		11.268		0.018
K73+750		11.25		11.243		-0.007
K73+800		11.25		11.243		-0.007
统计	测点数	合格点数	不合格点数	合格率	允许偏差	
	11	8	3	72.73%	不小于设计值	

检测:　　　　　　　　　年 月 日　　复核:　　　　　　　　　年 月 日

4 中线偏位的检测

(1)检测方法与步骤

①有中线坐标的道路:首先从设计资料中查出待测点 P 的设计坐标,用经纬仪对该设计坐标进行放样,并在放样点 P 做好标记,标出路面的实际中点位置 P',量取 PP' 的长度,即为中线平面偏位 Δ_{CL},以 mm 表示。对高速公路、一级公路,准确至5mm;对于其他等级公路,准确至10mm。

 想一想

两种方法中:用设计坐标放样 P 点,与路面实际中点 P' 之间直接用钢尺量距离尺寸;还是测出路面实际中点 P' 点的坐标与设计中点 P 坐标,采用公式计算 PP' 间距,哪一种方法正确?

②无中桩坐标的低等级道路:应首先恢复交点或转点,实测偏角和距离,然后采用链距法、切线支距法或偏角法等传统方法敷设道路中线的设计位置,量取设计位置与施工位置之间的距离,即为中线平面偏位 Δ_{CL},以 mm 表示,准确至10mm。

其测定方法如下:

①用钢尺在与中线垂直的横断面上确定成型后路面的实际中点位置,记为 P' 点。

②采用经纬仪、全站仪将设计资料中中点坐标放样,记为 P 点。

③用钢尺量取 PP' 两点之间距离,以 mm 计。

(2)检测结果

路面中线检测结果见表3-3,并按照中线偏位的允许偏差进行评定。

路面中线检测记录计算表   表3-3

抽检段落:K73+300~K73+800   施工单位:

抽检桩号	偏位 Δ_{CL}(mm)	超过允许偏差(mm)	抽检桩号	偏位 Δ_{CL}(mm)	超过允许偏差(mm)
K73+300	12	—	K73+580	11	—
K73+340	11	—	K73+620	16	—
K73+380	17	—	K73+660	16	—
K73+420	19	—	K73+700	18	—
K73+460	25	5	K73+740	11	—
K73+500	23	3	K73+780	17	—
K73+540	22	2			
统计	测点数	合格点数	不合格点数	合格率	允许偏差
	13	10	3	76.92%	20mm

检测: 年 月 日   复核: 年 月 日

5 纵断面高程的检测

(1)检测方法与步骤

①将水准仪架设在路上平顺处调平,将塔尺竖立在中线的测定位置上(图3-2),以路线附近的水准点高程为基准,测记测定点的高程读数,以 m 计,准确至 0.001m。

②连续测定全部测点,并与水准点闭合。

图 3-2 塔尺竖立位置

(2)计算

各测点的实测高程 h_{1i} 与设计高程 h_{oi} 的差值按式(3-2)计算。

$$\Delta h_i = h_{1i} - h_{oi} \tag{3-2}$$

式中:Δh_i ——各个断面的纵断面高程和设计高程的差值(m);

h_{1i} ——各个断面的纵断面实测高程(m);

h_{oi} ——各个断面的纵断面设计高程(m)。

(3)检测结果

纵断面高程检测结果见表3-4,按照纵断高程的允许偏差进行评定。

路面纵断高程检测表   表 3-4

抽检段落:K73+300~K73+800   施工单位:

桩号	左 1.5m 中桩				右 1.5m 中桩				备注
	设计（m）	实测（m）	偏差（m）	超过允许偏差（mm）	设计（m）	实测（m）	偏差（m）	超过允许偏差（mm）	
K73+300	93.163	93.173	0.010						
K73+350	92.506	92.521	0.015						
K73+400	91.891	91.903	0.012						
K73+450	91.325	91.314	-0.011						
K73+500	90.809	90.791	-0.018	3					
K73+550	90.343	90.323	-0.020	5					
K73+600	89.927	89.919	-0.008						
K73+650	89.527	89.515	-0.012						
K73+700	89.127	89.141	0.014						
K73+750	88.727	88.738	0.011						
K73+800	88.327	88.337	0.010						
统计	测点数		合格点数		不合格点数		合格率		允许偏差
	11		9		2		81.8%		+15,-15

检测：　　　　　　　　年　月　日　　复核：　　　　　　　　年　月　日

6 路面坡度（横坡）的检测

（1）检测方法与步骤

对于无中央分隔带的公路路面横坡,是指路拱两侧直线部分的坡度;对于有中央分隔带的公路路面横坡,是指路面与中央分隔带交界处及路面边缘与路肩交界处两点的高程差与水平距离的比值,以%表示。横坡检测时,可与宽度和高程的检测同时进行,根据两点间的实测宽度和高差,计算其实际横坡,并对横坡的实测值和设计值进行比较和评定。其测定方法如下:

①对设有中央分隔带的路面,测定横坡时,将精密水准仪架设在路面平顺处调平,将塔尺分别竖立在路面与中央分隔带分界的路缘带边缘 d_1 处以及路面与路肩交界（或外侧路缘石边缘）的标记 d_2 处（图 3-3）, d_1 和 d_2 测点必须在同一横断面上。测量 d_1 和 d_2 处的高程,记录高程读数,以 m 计,准确至 0.001m。

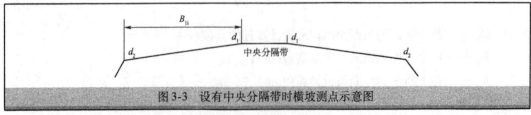

图 3-3 设有中央分隔带时横坡测点示意图

②对无中央分隔带的路面,测定横坡时,将精密水准仪架设在路面平顺处调平,将塔尺

分别竖立在路拱曲线与直线部分的交界位置 d_1 处以及路面与路肩(或硬路肩)交界位置 d_2 处(图3-4),d_1 和 d_2 测点必须在同一横断面上。测量 d_1 与 d_2 处的高程,记录高程读数,以 m 计,准确至 0.001m。

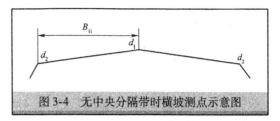

图3-4 无中央分隔带时横坡测点示意图

③用钢尺测量两测点的水平距离 B_{1i},以 m 计。对于高速公路及一级公路,准确至 0.005m;对于其他等级公路,准确至 0.01m。

(2)计算

各测点断面的横坡 i_{1i} 按式(3-3)计算,准确至一位小数。按式(3-4)计算实测横坡 i_{1i} 与设计横坡 i_{0i} 之差 Δi_i。

$$i_{1i} = \frac{d_{1i} - d_{2i}}{B_{1i}} \times 100\% \tag{3-3}$$

$$\Delta i_i = i_{1i} - i_{0i} \tag{3-4}$$

式中:i_{1i} ——各测定断面的横坡(%);

d_{1i} 及 d_{2i} ——各断面测点 d_1 及 d_2 处的高程读数(m);

B_{1i} ——各断面测点 d_1 与 d_2 之间的水平距离(m);

Δi_i ——各断面的横坡和设计横坡的差值(%);

i_{0i} ——各断面的设计横坡(%)。

(3)检测结果

路面横坡度检测结果见表3-5,按照横坡的允许偏差进行评定。

路面横坡度检测记录表　　表3-5

抽检段落:K73+300~K73+800　　施工单位:

桩号	设计横坡(%)		实测横坡(%)		偏差(%)	
	左	右	左	右	左	右
K73+300	-2.00		-1.90		0.10	
K73+350	-2.00		-1.80		0.20	
K73+400	-2.00		-1.85		0.15	
K73+450	-2.00		-1.87		0.13	
K73+500	-2.00		-1.78		0.22	
K73+550	-2.00		-2.10		-0.10	
K73+600	-1.19		-1.07		0.12	
K73+650	0.54		0.36		-0.18	
K73+700	2.00		2.35		0.35	
K73+750	2.00		1.68		-0.32	
K73+800	2.00		2.11		0.11	
统计	测点数	合格点数	不合格点数	合格率	允许偏差	
	11	9	2	81.82%	±0.3%	

检测:　　　　　　　年　月　日　　复核:　　　　　　年　月　日

7 路基边坡的检测

土、石方边坡检测的规定值要求不陡于设计值,检测频率为每200m测4处,且石方边坡的平顺度应符合设计要求。采用边坡样板或坡度尺沿横断面方向进行边坡检查。

六 注意事项

(1)测量时量尺应保持水平,不得将尺紧贴路面量取,也不得使用皮尺。
(2)中线偏位检测,在横断面上确定实际中点位置时,应保证该横断面与中线垂直。
(3)测定横坡时,d_1 和 d_2 测点必须在同一横断面上。

3.2 挖坑及钻芯法测定路面厚度试验方法

一 厚度检测意义及检测方法

在路面工程中,各结构层的厚度与道路的整体强度密切相关,而且严格控制各结构层的厚度,能对路面高程起到一定的控制作用,所以厚度是一个非常重要的质量指标。《公路工程质量检验评定标准(土建工程)》(JTG F80/1—2004)中,路面各个层次厚度的分值都较高。路面各层施工完成后及工程交工验收检查使用时,必须对路面结构层厚度进行检测。

路面各结构层厚度的检测一般与压实度同时进行,当用灌砂法进行压实度检测时,可量取挖坑灌砂深度即为结构层厚度。当用钻芯取样法检测压实度时,可直接量取芯样的高度。结构层厚度也可以采用水准仪测量法求得,即在同一测点量出结构层底面及顶面的高程,然后求其差值。这种方法无需破坏路面,测试精度高。目前,国内外还用雷达、超声波等方法检测路面结构层厚度。

路面各结构层厚度的检测方法与结构层的层位和种类有关。对于基层或砾石路面的厚度可用挖坑法测定;沥青面层与水泥混凝土路面板的厚度应用钻孔法测定。

二 路面厚度代表值与极值的允许偏差

按《公路工程质量检验评定标准(土建工程)》(JTG F80/1—2004),几种路面结构层厚度的代表值与极值的允许偏差列于表3-6中。

几种路面结构层厚度的代表值与极值的允许偏差   表3-6

类型与层位	检查项目		规定值或允许偏差		检查方法和频率	权值
			高级公路、一级公路	其他公路		
水泥混凝土面层	板厚度(mm)	代表值	−5		每200m每车道2处	3
		合格值	−10			
沥青混凝土面层	厚度(mm)	代表值	总厚度:设计值的−5% 上面层:设计值的−10%	−8%H	双车道每200m测1处	3
石灰土、水泥土基层	厚度(mm)	代表值	—	−10	每200m每车道1点	2
		合格值	—	−20		
石灰土、水泥土底基层	厚度(mm)	代表值	−10	−12	每200m每车道1点	2
		合格值	−25	−30		
水泥稳定粒料基层	厚度(mm)	代表值	−8	−10	每200m每车道1点	3
		合格值	−15	−20		
底基层	厚度(mm)	代表值	−10	−12	每200m每车道1点	3
		合格值	−25	−30		

三 任务描述

某段高速公路路面基层为水泥稳定粒料结构层,K73+000~K74+840段基层施工完毕后,必须对其厚度进行检测,确保厚度满足表3-6要求,方可进行下一层施工。

四 任务分析

对于水泥稳定粒料基层刚施工成型时,结构层未达到终凝状态,或者对于砂石路面也可采用挖坑法测定其结构层厚度(可与压实度同时进行测定),方法简便,测试快捷;对于沥青路面及水泥混凝土路面板的厚度应用钻芯法测定,水泥稳定粒料基层硬化后,无法进行挖坑检测时,也应采用钻芯法测定芯样厚度,路面厚度测试按《公路路基路面现场测试规程》(JTG E60—2008)进行。

五 任务实施

1 仪具与材料

(1)挖坑用的镐、铲、凿子、锤子、小铲、毛刷。

(2)取样用路面取芯钻机及钻头、冷水机。钻头的标准直径为 φ100mm,如芯样仅供测量厚度,不作其他试验时,对沥青面层与水泥混凝土板也可用直径 φ50mm 的钻头;对基层材料有可能损坏试件时,也可用直径 φ150mm 的钻头,但钻孔深度均必须达到层厚。

(3)量尺:钢板尺、钢卷尺、卡尺。

(4)补坑材料:与检查层位的材料相同。

(5)补坑用具:夯、热夯、水等。

(6)其他:搪瓷盘、棉纱等。

2 挖坑法检测路面厚度

(1)按规范要求,随机选点(方法见单元 2 的 2.1)决定挖坑检查的位置。如为旧路,测点有坑洞等显著缺陷或接缝处时,可在其旁边检测。

(2)在所选择试验地点,选一块约 40cm×40cm 的平坦表面作为试验地点,用毛刷将其清扫干净。

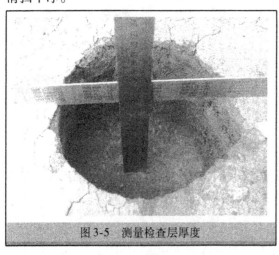

图 3-5 测量检查层厚度

(3)根据材料坚硬程度,选择镐、铲、凿子等适当工具开挖这一层材料,直至层位底面。在便于开挖的前提下,开挖面积应尽量缩小,坑洞大体呈圆形。边开挖边将材料铲出,置于搪瓷盘中。

(4)用毛刷将坑底清扫干净,作为下一层的顶面。

(5)将钢板尺平放横跨于坑的两边(图 3-5),用另一把钢尺或卡尺等量具在坑的中部位置垂直伸至坑底,测量坑底至钢板尺的距离,即为检查层的厚度,以 mm 计,精确至 1mm。

3 钻孔取芯样法检测路面厚度

(1)按规范要求,随机选点确定钻孔检查的位置。如为旧路,测点有坑洞等显著缺陷或接缝处时,可在其旁边检测。

(2)将取样位置清扫干净,用粉笔对钻孔位置做出标记。

(3)用钻机在取样地点垂直对准路面放下钻头,牢固安放钻机,使其在运转过程中不得移动。

(4)开放冷却水,起动电动机,徐徐压下钻杆,钻取芯样,但不得使劲下压钻头。待钻透全厚后,上抬钻杆,拔出钻头,停止转动,不使芯样损坏,取出芯样。沥青混合料芯样及水泥混凝土芯样可用清水漂洗干净备用,如图3-6所示。

(5)芯样的直径符合上述第1条仪具与材料中第(2)款,但钻孔深度必须达到层厚。

(6)清除底面灰尘,找出与下层的分界面。

(7)用钢板尺或卡尺沿圆周对称的

图3-6 取芯机钻孔

十字方向四处量取表面至上下层界面的高度,取其平均值,即为该层的厚度,精确至1mm。

4 大螺丝刀测厚度

在沥青路面施工过程中,当沥青混合料尚未冷却时,可根据需要随机选择测点,用大螺丝刀插入沥青层底面深度后用尺读数,量取沥青层的厚度,以mm计,准确至1mm。

5 填补试坑或钻孔

用挖坑法、钻孔取样法测定路面结构层厚度后,所有挖坑、钻孔均应仔细填好,要用取样层的相同材料来填补试坑或钻孔。补填如有疏忽,易成为隐患而导致开裂,填补挖坑、钻孔的步骤如下:

(1)适当清理坑中残留物,钻孔时留下的积水用棉纱吸干。

(2)对无机结合料稳定层及水泥混凝土路面板,按相同配比用新拌的材料分层填补并用小锤压实。水泥混凝土中宜掺加少量快凝早强的外掺剂。

(3)对无机结合料粒料基层,可用挖坑时取出的材料,适当加水充分拌和后分层填补,并用小锤压实。

(4)对正在施工的沥青路面,用相同级配的热拌沥青混合料分层填补并用加热铁锤或热夯压实。旧路钻孔也可用乳化沥青混合料修补。

(5)所有补坑结束时,宜比原面层略鼓出少许,用重锤或压路机压实平整。

六 路面结构层厚度的评定

路面厚度是关系质量和造价的重要指标,考虑正常施工条件下的厚度偏差情况,对路段内路面结构层厚度按代表值和单个合格值的允许偏差进行评定。

厚度代表值为厚度的算术平均值的下置信界限值,按式(3-5)计算。

$$X_L = \bar{X} - \frac{t_\alpha}{\sqrt{n}}S \tag{3-5}$$

式中:X_L——厚度代表值(算术平均值的下置信界限);

$\bar{X}$——厚度平均值;

S——标准差;

n——检测数量;

t_α——t 分布在表中随测点和保证率(或置信度 α)而变的系数,查单元2 表2-8 可得 $t_\alpha/\sqrt{n}$ 值。

采用保证率如下:

高速公路、一级公路:基层、底基层为99%,面层为95%;

其他公路:基层、底基层为95%,面层为90%。

当厚度代表值大于或等于设计厚度减去代表值允许偏差时,则按单个检查值的偏差不超过单点合格值来计算合格率;当厚度代表值小于设计厚度减去代表值允许偏差时,相应分项工程评为不合格。

沥青面层一般按沥青铺筑层总厚度进行评定,高速公路和一级公路分 2~3 层铺筑时,还应进行上面层厚度检查和评定。

七 报告

某段高速公路路面水泥稳定粒料结构层厚度检测结果见表3-7。

路面基层厚度检测记录表　　　　　表3-7

抽检桩号:K73+000~K75+000　　　施工单位:

名　　称	基层		起止桩号	K73+000~K75+000(右幅)	
测试方式及工具名称:钻芯法					
桩　　号	距中桩距离(m)	厚度(mm)	桩　　号	距中桩距离(m)	厚度(mm)
K73+000	1	203	K74+040	6	205
K73+080	6	205	K74+120	12.25	203
K73+160	12.25	205	K74+200	1	201
K73+240	1	200	K74+280	6	205
K73+320	6	203	K74+360	12.25	204
K73+400	12.25	200	K74+440	1	200
K73+480	1	201	K74+520	6	205
K73+560	6	204	K74+600	12.25	199

续上表

名 称	基层		起止桩号	K73+000~K75+000（右幅）	
测试方式及工具名称：钻芯法					
桩号	距中桩距离（m）	厚度（mm）	桩号	距中桩距离（m）	厚度（mm）
K73+640	12.25	200	K74+680	1	198
K73+720	1	205	K74+760	6	196
K73+800	6	203	K74+840	12.25	195
K73+880	12.25	201	K74+920	1	201
K73+960	1	203	K75+000	6	196
设计厚度：200		代表值允许偏差：-5		极值允许偏差：-10	
$n=26$ $\overline{X}=201.58$ $S=3.02$			$t_\alpha/\sqrt{n}=0.487$（根据 $n=26$、$\alpha=99\%$，查表2-8得）		
$X_L=\overline{X}-S\times(t_\alpha/\sqrt{n})=200.11>195mm$			低于极值190mm的点数 $m=0$		
结论：该路段的路面基层厚度满足要求					
检测： 年 月 日			复核： 年 月 日		

八 注意事项

（1）挖坑法测量结构层厚度时，必须用两把卡尺做成十字形准确测量，忌用一把尺子测量。

（2）当用钻芯法不能取出完整的芯样时，芯样的厚度不能代表结构层厚度，而必须按挖坑法测量其厚度。

（3）当用钻芯法同时取出几层芯样时，各层的分界面应仔细界定，仔细切割，并标识清楚层次桩号等，以免混淆。

（4）每个芯样厚度应取四处测量值的平均值。

单元小结

（1）路基路面几何尺寸检测指标包括路面宽度、纵断高程、中线偏位、宽度、横坡、边坡等。

（2）路面各层施工完成后及工程交工验收检查使用时，必须对路面结构层厚度进行检测。路面各结构层厚度的检测一般与压实度同时进行，当用灌砂法进行压实度检测时，可量取挖坑灌砂深度即为结构层厚度。当用钻芯取样法检测压实度时，可直接量取芯样的高度。

（3）路段内路面结构层厚度按代表值和单个合格值的允许偏差进行评定。厚度代表值为厚度的算术平均值的下置信界限值。

自我检测

1. 简述路基路面几何尺寸的检测目的。
2. 中线偏位、纵断面高程的检测包括哪些内容?简述其检测方法。
3. 路基路面宽度检测的内容有哪些?其检测的步骤和方法是什么?
4. 路面结构层厚度的检测方法有哪些?
5. 某路段水泥混凝土上路面板厚度检测数据如表3-8所示。保证率95%,设计厚度 $h_d = 25$ cm,代表值允许偏差为 -5 mm,极值允许偏差为 -10 mm,试对该路段的板厚进行评价。

水泥混凝土路面板厚度检测结果(cm)　　　表3-8

序号	1	2	3	4	5	6	7	8	9	10	11	12	13	14	15
厚度	25.0	24.9	25.1	24.6	24.7	25.4	25.2	25.3	24.7	24.8	24.9	24.8	25.3	25.3	25.2
序号	16	17	18	19	20	21	22	23	24	25	26	27	28	29	30
厚度	25.1	25.1	24.8	25.0	25.2	24.7	24.9	25.0	25.4	25.2	25.1	25.0	25.0	25.5	25.4

单元 4

路基路面压实度检测

学习目标

1. 了解检测压实度的目的,能分析影响压实度的因素;
2. 了解标准密度的确定方法;
3. 能描述路基路面压实度检测方法的原理、特点及适用范围;
4. 能采用环刀法测定压实度;
5. 能采用灌砂法测定压实度;
6. 能采用钻芯法测定压实度;
7. 能计算与评定压实度。

工作任务

公路路基路面每一层碾压完毕后,进行下一层施工前必须确认该层路基或路面压实度是否合格。路基路面现场测试压实度常用的方法有环刀法、灌砂法、钻芯法等。

教学建议

基于路基路面压实度检测的工作过程,实现"理实一体化"教学模式,边讲解理论,边操作练习;对于原理及步骤较为复杂的灌砂法,可采取分步讲解、分步操作练习的方法,以免原理不清、步骤混淆。

学习指南

路基、路面压实质量是公路工程施工质量管理最重要的内在指标之一,它表征现场压实后材料的密实状况。应理解压实度的概念,明确对于不同结构层其压实度标准密度的确定方法是不一样的。测定压实度的方法有环刀法、灌砂法、核子密度仪法和钻芯法等,其中环刀法、钻芯法测定方法直观易懂,而灌砂法的测定原理、测定步骤较为复杂。

本单元基于压实度检测的工作过程,分解为一个任务与三个技能训练。

每个学生应沿着如下流程进行学习：

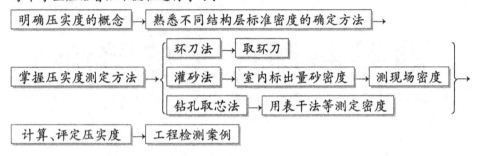

4.1 标准密度的确定

一、检测压实度的目的

路基、路面压实质量是公路工程施工质量管理最重要的内在指标之一,它表征现场压实后材料的密度状况,压实度越高,密度越大,材料整体性能越好。大量的工程实践表明,只有对路基、路面结构层进行充分压实,才能保证路基、路面的强度、刚度及路面的平整度,并保证其使用质量;若压实不足,则路面容易产生车辙、裂缝、沉陷及整个路面的剪切破坏。因此,碾压工艺成为路基路面施工质量控制的关键工序。

通常用压实度来衡量现场压实的质量。路基土、路面基层的压实度是指工地实际达到的干密度与室内标准击实试验所得的最大干密度的比值,用百分数表示;沥青类路面的压实度是指现场实际达到的密度与标准密度的比值,用百分数表示。压实度公式见式(4-1)。

$$K = \frac{\rho_d}{\rho_c} \times 100\% \tag{4-1}$$

式中：K——测试地点的施工压实度(%)；

ρ_d——试样的干密度(g/cm^3)；

ρ_c——击实试验得到的试样的最大干密度或其他标准密度(g/cm^3)。

二 影响压实度的因素

在施工现场碾压细粒土路基时，影响达到规定压实度的主要因素有含水率、碾压层厚度、压实机械类型、碾压遍数、地基强度等。

三 标准密度(最大干密度)的确定

室内试验得出的标准密度(最大干密度)是压实度评定的基准值，路面结构层不同，对应的标准密度也不同，路基和路面基层的压实度以室内击实试验得出的最大干密度为标准密度，沥青类路面面层则按《沥青路面施工技术规范》(JTG F40—2004)附录 E 的规定来确定。

1 路基土最大干密度的确定

由于土的性质、颗粒的不同，确定最大干密度的方法也有区别。路基土最大干密度试验方法主要有击实法、振动台法和表面振动压实仪法。各方法的适用范围见表 4-1。

路基土最大干密度确定方法比较 表 4-1

试验方法	适 用 范 围	土的粒组
轻型、重型击实法	小试筒适用粒径不大于 20mm 的土；大试筒适用粒径不大于 40mm 的土	细粒土、粗粒土
振动台法	①本试验规定采用振动台法测定无黏性自由排水粗粒土和巨粒土(包括堆石料)的最大干密度。 ②本试验方法适用于通过 0.074mm 标准筛的干颗粒质量百分数不大于 15% 的无黏性自由排水粗粒土和巨粒土。 ③对于最大颗粒大于 60mm 的巨粒土，因受试筒容许最大粒径的限制，宜按相似级配法的规定处理	粗粒土、巨粒土
表面振动压实仪法	同上	粗粒土、巨粒土

击实试验通过试验得出击实曲线，确定最佳含水率和最大干密度，是确定路基土最大干密度的主要方法。击实试验由于击实功不同，可以分为重型和轻型击实，两个试验的原理和基本规律相似，但重型击实试验的击实功提高了 4.5 倍。击实试验中按采集土样的含水率，分为干土法和湿土法；按土能否重复使用，也分为两种，即土能重复使用和不能重复使用。

选择时应根据工程的具体要求,按击实试验方法的规定,选择轻型或重型试验方法。根据土的性质选用干土法或湿土法,高含水率土宜选用湿土法,低含水率土则选用干土法,除易击碎的试样外,试样可以重复使用。

振动台法与表面振动压实仪法均是采用振动方法测定土的最大干密度。前者是整个土样同时受到垂直方向的振动作用,而后者是振动作用自土体表面垂直向下传递。研究结果表明,对于无黏聚性自由排水土,这两种最大干密度试验方法的测定结果基本一致,但前者试验设备及操作较复杂,后者相对容易,且更接近于现场振动碾压的实际情况。因此,使用时可根据试验设备拥有情况选择其一即可,但推荐优先采用表面振动压实仪法。

国内外研究结果表明,对于砂、卵石、漂石及堆石料等无黏聚性自由排水土而言,一致公认采用振动方法而不是普通击实法。因此,建议采用振动方法测定无黏聚性自由排水土的最大干密度。

各试验方法的仪器设备、试验步骤等详见《公路土工试验规程》(JTG E40—2007)。

② 路面基层材料标准密度(最大干密度)的确定

常见的路面基层材料有半刚性基层及粒料基层,粒料类基层最大干密度的确定可参照粗粒土和巨粒土的振动法。半刚性基层材料按照《公路工程无机结合料稳定材料试验规程》(JTG E51—2009)执行,用标准击实法确定。但当粒料含量高(50%以上)时,击实法得出的最大干密度并不标准,此时应采用更为科学的理论计算法或振动击实法作为标准密度的确定方法。

③ 沥青混合料标准密度的确定

沥青混合料标准密度,按《公路沥青路面施工技术规范》(JTG F40—2004)附录E的规定,有三种标准密度:一是当天的马歇尔试验的试件密度;二是试验路段的密度;三是每天实测的最大理论密度。在进行混合料的密度试验时,可根据表4-2的适用范围选用合适的方法,具体试验见《公路工程沥青及沥青混合料试验规程》(JTJ 052—2000),在进行压实度计算时,可根据实际需要选用其中1~2种作为钻孔法检测压实度的标准密度。

压实沥青混合料密度试验方法及适用范围比较 表4-2

试验方法	适 用 范 围
水中重法	仅适用于密实的Ⅰ型沥青混凝土试件,不适用于采用了吸水性大的集料的沥青混合料试件
表干法	适用于表面粗糙但较密实的Ⅰ型或Ⅱ型沥青混凝土试件,但不适用于吸水率大于2%的沥青混合料试件
蜡封法	适用于吸水率大于2%的Ⅰ型或Ⅱ型沥青混凝土试件,以及沥青碎石混合料试件,不能用水中重法或表干法测密度的试件
体积法	适用于空隙率较大的沥青碎石混合料及大空隙透水性开级配沥青混合料试件

四 现场密度试验检测方法

现场密度试验主要检测方法及适用范围见表 4-3。本单元介绍环刀法、灌砂法和钻芯法。

现场密度试验主要检测方法及适用范围　　　　　表 4-3

试验方法	适　用　范　围
环刀法	适用于细粒土及无机结合料稳定细粒土的密度测试,但对无机结合料稳定细粒土,其龄期不宜超过 2d,且宜用于施工过程中的压实度检测
灌砂法	适用于在现场测定基层(或底基层)、砂石路面及路基土的各种材料压实层的密度和压实度,但不适用于填石路堤等大孔洞或大孔隙材料的压实度检测
核子法	适用于现场用核子密度仪以散射法或直接透射法测定路基或路面材料的密度和含水率,并计算施工压实度;适用于施工质量的现场快速评定,不宜用做仲裁试验或评定验收试验
钻芯法	适用于检测从压实的沥青路面上钻取的沥青混合料芯样试件的密实度,以评定沥青面层的施工压实度,同时适用于龄期较长的无机结合料稳定类基层和底基层的密度检测

4.2 环刀法测定压实度

一 任务描述

根据《公路路基路面现场测试规程》(JTG E60—2008)规定,环刀法适用于现场测定细粒土及无机结合料稳定细粒土的密度。但对无机结合料稳定细粒土,其龄期不宜超过 2d,且宜用于施工过程中的压实度检验。

现有某公路排水工程,桩号 K3 + 080.456 ~ K7 + 140.358,3:7 灰土垫层第二层碾压成型,需对垫层采用环刀法测定压实度。

二 任务分析

环刀法测定压实度,首先应现场选点,将取土器(环刀)放置于土基或路面基层材料上进行取样,根据取出试样的质量及环刀体积(已知)计算试样的密度,测定试样的含水率并计算干密度,再根据击实试验得出的最大干密度计算压实度。

三 任务实施

1 仪具与材料

本试验需要下列仪器与材料。

(1)人工取土器[图 4-1a)及图 4-1b)],包括环刀、环盖、定向筒和导杆。环刀内径 6～8cm,高 2～3cm,壁厚 1.5～2mm。

(2)电动取土器,如图 4-2 所示。由底座、行走轮、立柱、齿轮箱、升降机构、取芯头等组成。

①底座:由底座平台、定位销、行车轮组成。平台是整个仪器的支承基础;定位销供操作时仪器定位用;行车轮供换点取芯时仪器近距离移动用,当定位时四只轮子可扳起离开地表。

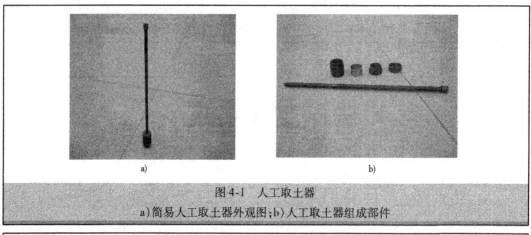

图 4-1 人工取土器
a)简易人工取土器外观图;b)人工取土器组成部件

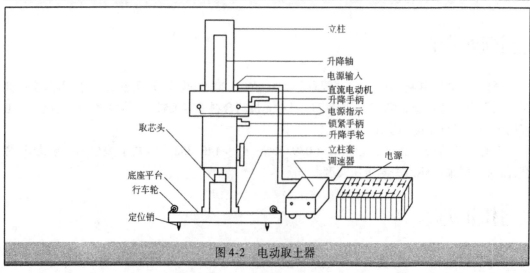

图 4-2 电动取土器

②立柱:由立柱与立柱套组成,装在底座平台上,作为升降机构、取芯机构、动力和传动机构的支架。

③升降机构:由升降手轮、锁紧手柄组成,供调整取芯机构高低用。松开锁紧手柄,转动升降手轮,取芯机构即可升降,到所需位置时拧紧手柄定位。

④取芯机构:由取芯头、升降轴组成,取芯头为金属圆筒,下口对称焊接两个合金钢切削刀头,上端面焊有平盖,其上焊螺母,靠螺旋接于升降轴上。取芯头为可换式,有 50mm × 50mm、70mm × 70mm、100mm × 100mm 三种规格,另配有相应的取芯套筒、扳手、铝盒等。

⑤动力和传动机构:主要由直流电动机、调速器、齿轮箱组成。另配蓄电池和充电器。当电动机工作时,通过齿轮箱的齿轮将动力传给取芯机构,升降轴旋转,取芯头进入旋切工作状态。

⑥电动取土器主要技术参数为:工作电压 DC24V(36A·h);转速 50~70r/min,无级调速;整机质量约 35kg。

(3)天平:感量 0.1g(用于取芯头内径小于 70mm 样品的称量),或 1.0g(用于取芯头内径 100mm 样品的称量)。

(4)其他:镐、小铁锹、修土刀、毛刷、直尺、钢丝锯、凡士林、木板及测定含水率设备等。

2 检测方法与步骤

(1)按有关试验方法对检测试样用同种材料进行击实试验,得到最大干密度及最佳含水率。

(2)用人工取土器测定黏性土及无机结合料稳定细粒土密度的步骤如下:

①擦净环刀,称取环刀质量 m_2,准确至 0.1g。

②在试验地点,将面积约 30cm × 30cm 的地面清扫干净,并将压实层铲去表面浮动及不平整的部分,达到一定深度,使环刀打下后,能达到要求的取土深度,但不得将下层扰动。

③将定向筒齿钉固定于铲平的地面上,顺次将环刀、环盖放入定向筒内与地面垂直,如图 4-3 所示。

④将导杆保持垂直状态,用取土器落锤将环刀打入压实层中,至环盖顶面与定向筒上口齐平为止,如图 4-4 所示。

图 4-3 取土器置于试验地点　　图 4-4 锤击导杆将环刀打入土层

⑤去掉击实锤和定向筒,用镐将环刀及试样挖出,如图4-5所示。

⑥轻轻取下环盖,用修土刀自边至中削去环刀两端余土,用直尺检测直至修平为止,如图4-6及图4-7所示。

⑦擦净环刀外壁,用天平称取环刀及试样合计质量m_1,准确至0.1g,如图4-8所示。

图4-5 拆下导杆挖出环刀及试样

图4-6 拆掉套筒及楔口后的试件

图4-7 用修土刀削平环刀两边余土的试件

图4-8 用天平称取环刀及土样质量

⑧自环刀中取出试样,取具有代表性的试样,测定其含水率(w)。

(3)用人工取土器测定砂性土或砂层密度时的步骤如下:

①如为湿润的砂土,试验时不需使用击实锤和定向筒。在铲平的地面上,细心挖出一个直径较环刀外径略大的砂土柱,将环刀刃口向下,平置于砂土柱上,用两手平稳地将环刀垂直压下,直到砂土柱突出环刀上端约2cm时为止。

②削掉环刀口上多余砂土,并用直尺刮平。

③在环刀上口盖一块平滑的木板,一手按住木板,另一手用小铁锹将试样从环刀底部切断,然后将装满试样的环刀反转过来,削去环刀刃口上部的多余砂土,并用直尺刮平。

④擦净环刀外壁,称环刀与试样合计质量(m_1),准确至0.1g。

⑤自环刀中取具有代表性的试样测定其含水率w。

⑥干燥的砂土不能挖成砂土柱时,可直接将环刀压入或打入土中。

(4)用电动取土器测定无机结合料稳定细粒土和硬塑土密度的步骤如下:

①装上所需规格的取芯头。在施工现场取芯前,选择一块平整的路段,将四只行走轮打起,四根定位销钉采用人工加压的方法,压入路基土层中,松开锁紧手柄,旋动升降手轮,使取芯头刚好与土层接触,锁紧手柄。

②将蓄电池与调速器接通,调速器的输出端接入取芯机电源插口。指示灯亮,显示电路已通;起动开关,电动机工作,带动取芯机构转动。根据土层含水率调节转速,操作升降手柄,上提取芯机构,停机,移开机器。由于取芯头圆筒外表有几条螺旋状突起,切下的土屑排在筒外顺螺纹上旋抛出地表。因此,将取芯套筒在切削好的土芯立柱上,摇动即可取出样品。

③取出样品,立即按取芯套筒长度用修土刀或钢丝锯修平两端,制成所需规格土芯,如拟进行其他试验项目,装入铝盒,送往试验室外备用。

④用天平称量土芯加套筒质量 m_1,从土芯中心部分取试样测定含水率。

(5)本试验须进行两次平行测定,其平行差值不得大于 0.03 g/cm³,求其算术平均值。

四 检测结果计算

(1)按式(4-2)、式(4-3)分别计算试样的湿密度及干密度。

$$\rho_w = \frac{4 \times (m_1 - m_2)}{\pi d^2 h} \quad (4\text{-}2)$$

$$\rho_d = \frac{\rho_w}{1 + 0.01w} \quad (4\text{-}3)$$

式中:ρ_w——试样的湿密度(g/cm³);

ρ_d——试样的干密度(g/cm³);

m_1——环刀或取芯套筒与试样合计质量(g);

m_2——环刀或取芯套筒质量(g);

d——环刀或取芯套筒直径(cm);

h——环刀或取芯套筒高度(cm);

w——试样的含水率(%)。

(2)按式(4-4)计算施工压实度。

$$K = \frac{\rho_d}{\rho_c} \times 100\% \quad (4\text{-}4)$$

式中:K——测试地点的施工压实度(%);

ρ_d——试样的干密度(g/cm³);

ρ_c——击实试验得到的试样的最大干密度(g/cm³)。

(3)环刀法压实度试验记录见表4-4。

土壤压实度(环刀法)试验记录　　　　　　　　　　　　表4-4

工程名称：　　　排水工程　　　　　　　施工单位：

代表部位：　Y3-3 至 Y3-5 右侧雨水管　　击实种类：重型击实
　　　　　　3∶7灰土垫层第二层　　　　　试验日期：

	取样位置	K3+090		K3+120	
	土样种类	3∶7灰土			
湿密度	环刀号	06		03	
	环刀+土质量(g)	564.17		557.02	
	环刀质量(g)	180.4		175.7	
	土质量(g)	383.77		381.32	
	环刀容积(cm³)	195.8		192.5	
	湿密度(g/cm³)	1.96		1.98	
干密度	盒号	37	56	21	19
	盒+湿土质量(g)	39.38	40.67	40.32	41.13
	盒+干土质量(g)	35.64	36.88	36.23	36.92
	水质量(g)	3.74	3.79	4.09	4.21
	盒质量(g)	12.32	12.44	12.08	11.97
	干土质量(g)	23.32	24.44	24.15	24.95
	含水率(%)	16.04	15.51	16.94	16.87
	平均含水率	15.8		16.9	
	干密度(g/cm³)	1.69		1.69	
	平均干密度(g/cm³)	1.69			
	最大干密度(g/cm³)	1.73			
	压实度(%)	97.7			
备注	本试验经二次平行测定后，其平行差值不大于规定，取其算术平均值 该点符合 K≥96%				

检测：　　　　　　　　　年 月 日　　复核：　　　　　　　　　年 月 日

注：①土质量=[环刀+土质量(g)]-环刀质量(g)；
　　②湿密度=土质量/环刀容积；
　　③水质量=[盒+湿土质量(g)]-[盒+干土质量(g)]；
　　④干土质量=[盒+干土质量(g)]-盒质量(g)；
　　⑤含水率=水质量/干试样质量×100%；
　　⑥干密度=湿密度/(1+平均含水率)；
　　⑦压实度=干密度/最大干密度。

五 注意事项

(1)试验过程不能扰动试样，保证试样原有的密实度。
(2)环刀两端土必须修平，不能有凹凸不平现象，确保使试样体积等于环刀体积。
(3)对于湿润或干燥砂土，不需用击实锤和定向筒，用两手平稳垂直地压下环刀即可。

4.3 灌砂法测定压实度

一 任务描述

公路路基或路面基层(底基层)每一层填土碾压完毕后,进行下一层施工前必须确认该层压实度是否合格,灌砂法测定压实度是路基路面现场测试压实度最常用的方法之一。

某公路土方路基路槽验收,采用灌砂法测定该段路基压实度。

二 任务分析

灌砂法原理是利用均匀颗粒的砂去置换试洞的体积。适用于在现场测定基层(或底基层)、砂石路面及路基上各种材料的压实度,但不适用于填石路堤等有大孔洞或大孔隙材料的压实度检测。

灌砂法测定程序示意图如图4-9所示。首先在试验室测定标准量砂的密度;然后在现

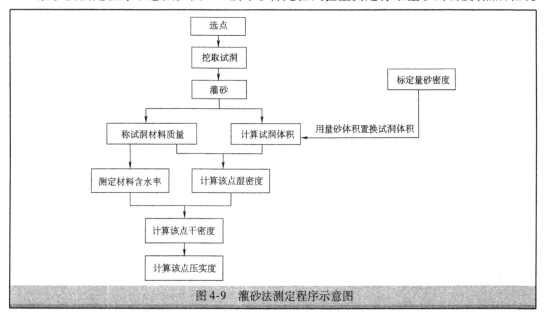

图4-9 灌砂法测定程序示意图

场根据随机选点法选定试验地点,按规程挖取一个试洞,称取量砂灌入试洞,用量砂体积置换试洞体积,计算该测点的湿密度和干密度,从而得出该点压实度。

三 任务实施

按《公路路基路面现场测试规程》(JTG E60—2008),采用挖坑灌砂法测定压实度时,应符合下列规定:

(1)当集料的最大粒径小于13.2mm、测定层的厚度不超过150mm时,宜采用ϕ100mm的小型灌砂筒测试。

(2)当集料的最大粒径等于或大于13.2mm,但不大于31.5mm,测定层的厚度超过150mm,但不超过200mm时,宜采用ϕ150mm的大型灌砂筒测试。

1 仪具与材料

(1)灌砂筒:有大小两种,根据需要采用,形式如图4-10所示,对应尺寸如图4-12a)所示,见表4-5。当尺寸与表中不一致,但不影响使用时,亦可使用。上部为储砂筒,筒底中心有一圆孔,下部装一倒置的圆锥形漏斗,漏斗上端开口,直径与储砂筒的圆孔相同。漏斗焊接在一块铁板上,铁板中心有一圆孔与漏斗上开口相接,在储砂筒筒底与漏斗顶端铁板之间设有开关,开关为一薄铁板,一端与筒底及漏斗铁板铰接在一起,另一端伸出筒身外,开关铁板上也有一个相同直径的圆孔。如图4-11所示。

图4-10 灌砂筒及标定罐实物图

图4-11 灌砂筒底部锥体外观图

(2)标定罐:如图4-10所示,用薄铁板制作的金属罐,上端周围有一罐缘。罐的尺寸示意图见图4-12b)。

(3)基板:用薄铁板制作的金属方盘,盘的中心有一圆孔。

(4)玻璃板:边长约500~600mm的方形板。

(5)试样盘:小筒挖出的试样可以用饭盒存放,大筒挖出的试样可以用300mm×500mm×40mm的搪瓷盘存放。

(6)天平或台秤:称量10~15kg,感量不大于1g,用于含水率测定的天平精度,对于细粒土、中粒土、粗粒土宜分别为 0.01g、0.1g、1.0g。

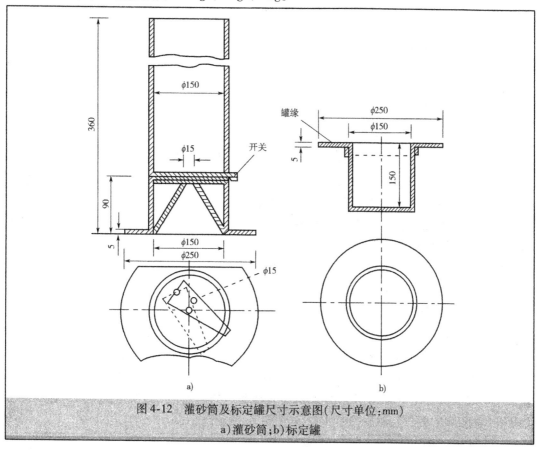

图 4-12 灌砂筒及标定罐尺寸示意图(尺寸单位:mm)
a)灌砂筒;b)标定罐

灌砂筒的主要尺寸　　　　　　　　　　　　　　　　　　表 4-5

结　　构		小型灌砂筒	大型灌砂筒
储砂筒	直径(mm)	100	150
	容积(cm^3)	2 120	4 600
流砂孔	直径(mm)	10	15
金属标定罐	内径(mm)	100	150
	外径(mm)	150	200
金属方盘基板	边长(mm)	350	400
	深(mm)	40	50
	中孔直径(mm)	100	150

注:如集料的最大粒径超过 31.5mm,则应相应地增大灌砂筒和标定罐的尺寸;如集料的最大粒径超过 53mm,灌砂筒和现场试洞的直径为 200mm。

(7)含水率测定器具:如铝盒、烘箱等。

(8)量砂:粒径 0.30 ~ 0.60mm 清洁干燥的砂,质量约 20 ~ 40kg,使用前须洗净、烘干,并放置足够长的时间,使其与空气的湿度达到平衡。

(9) 盛砂的容器：塑料桶等。
(10) 其他：凿子、改锥、铁锤、长把勺、小簸箕、毛刷等。

❷ 方法与步骤

 想一想

因为水会顺着空隙到处渗漏，所以检测路基（或者路面基层）压实度采用的是灌砂法而不是灌水法。但是如果假想水不会到处渗漏，水的密度是已知的，那么在下面的检测方法中，用水代替砂，是不是能更好地理解灌砂法的原理"用量砂（水）的体积来置换试洞的体积"呢？

(1) 检测对象的试样在路基或路面施工前用同种材料进行室内击实试验，得到最大干密度（ρ_{dmax}）及最佳含水率（w_0）。
(2) 按规定选用适宜的灌砂筒。
(3) 室内测定量砂密度。
① 按下列步骤标定灌砂筒下部圆锥体砂的质量：
a. 在灌砂筒筒口高度上，向灌砂筒内装砂至距筒顶 15mm 左右为止，称取装入筒内砂的质量 m_1，准确至1g。以后每次标定及试验都应该维持装砂高度与质量不变，如图4-13所示。
b. 将开关打开，使灌砂筒筒底的流砂孔、圆锥形漏斗上端开口的圆孔及开关铁板中心的圆孔上下对准重叠在一起，让砂自由流出，并使流出砂的体积与工地所挖试坑内的体积相当（或等于标定罐的容积），然后关上开关，如图4-14所示。

图4-13　称（筒＋砂）总质量 m_1

图4-14　流出砂的体积与工地所挖试坑内的体积相当

c. 不要晃动储砂筒的砂，轻轻地将灌砂筒移至玻璃板上，将开关打开，让砂流出，直至筒内砂不再下流时，将开关关上，并细心地取走灌砂筒，如图4-15a)、b)所示。
d. 收集并称量留在玻璃板上的砂或称量筒内的砂，准确至1g。玻璃板上砂就是填满筒下部圆锥体的砂 m_2。
e. 重复上述测量三次，取其平均值。
② 按下列步骤标定量砂的松方密度 ρ_s（g/cm³）。

图 4-15 让灌砂筒中砂流出
a)把装有余砂的筒放在玻璃板上；b)小心取下灌砂筒

问一问

测定量砂松方密度的目的是什么？

a. 用水确定标定罐的容积 V，准确至 1mL，如图 4-16 所示。

b. 在储砂筒中装入质量为 m_1 的砂，并将灌砂筒放在标定罐上，将开关打开，让砂流出。在整个流砂过程中，不要碰到灌砂筒，直到储砂筒内的砂不再下流时，将开关关闭，取下灌砂筒，称取筒内剩余砂的质量 m_3，准确至 1g。

c. 按式(4-5)计算填满标定罐所需砂的质量 m_a。

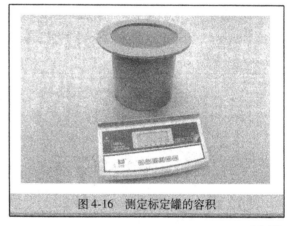

图 4-16 测定标定罐的容积

$$m_a = m_1 - m_2 - m_3 \tag{4-5}$$

式中：m_a——标定罐中砂的质量(g)；

m_1——装入灌砂筒内的砂及筒的总质量(g)；

m_2——灌砂筒下部圆锥体内砂的质量(g)；

m_3——灌砂入标定罐后，筒内剩余砂及筒的质量(g)。

d. 重复上述测量三次，取其平均值。

e. 按式(4-6)计算量砂的松方密度 ρ_s。

$$\rho_s = \frac{m_a}{V} \tag{4-6}$$

式中：ρ_s——量砂的松方密度(g/cm^3)；

　　　V——标定罐的体积(cm^3)。

(4)现场灌砂测试试验步骤。

①在测试地点，选一块平坦表面，并将其清扫干净，其面积不得小于基板面积。

②将基板放在平坦表面上，当表面粗糙度较大时，则将盛有量砂(m_5)的灌砂筒放在基板中间的圆孔上，将灌砂筒的开关打开，让砂流入基板中间的圆孔上，直到储砂筒内的砂不再下流时关闭开关。取下灌砂筒，并称量筒内砂的质量m_6，准确至1g。如图4-17所示(注：当需要检测厚度时，应先测量厚度后再进行这一步骤)。

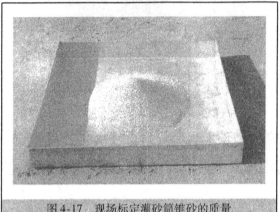

图4-17　现场标定灌砂筒锥砂的质量

③取走基板，并将留在试验地点的量砂收回，重新将表面清扫干净。

④将基板放回清扫干净的表面上(尽量放在原处)，沿基板中孔凿洞(洞的直径与灌砂筒一致)。在凿洞过程中，应注意不使凿出的材料丢失，并随时将凿松的材料取出装入塑料袋中，不使水分蒸发，也可放入大试验盒内。试洞的深度应等于测定层厚度，但不得有下层材料混入，最后将筒内的全部凿松材料取出。对土基或基层，为防止试样盘内材料的水分蒸发，可分几次称取材料的质量。全部取出材料的总质量为m_w，准确至1g，如图4-18a)、b)所示。

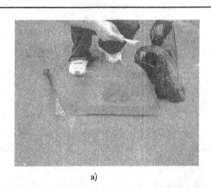 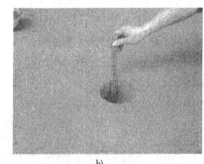

图4-18　现场挖坑程序图

a)挖试洞；b)测定土层厚度

⑤从挖出的全部材料中取有代表性的样品，放在铝盒或洁净的搪瓷盘中，测定其含水率w，以%计。样品的数量如下：用小型灌砂筒测定时，对于细粒土，不少于100g；对于各种中粒土，不少于500g。用大型灌砂筒测定时，对于细粒土，不少于200g；对于各种中粒土，不少于1 000g；对于粗粒土或水泥、石灰、粉煤灰等无机结合料稳定材料，宜将取出的全部材料烘干，且不少于2 000g，称其质量m_d，准确至1g。

⑥将基板安放在试坑上,将灌砂筒安放在基板中间(储砂筒内放满砂到要求质量 m_1),使灌砂筒的下口对准基板的中孔及试洞,打开灌砂筒的开关,让砂流入试坑内。在此期间,应注意勿碰动灌砂筒。直到储砂筒内的砂不再下流时,关闭开关,仔细取走灌砂筒,并称量筒内剩余砂的质量 m_4,准确至1g。

⑦如清扫干净的平坦表面粗糙度不大,可以省去②和③的操作。在试洞挖好后,将灌砂筒直接对准放在试坑上,中间不需要放基板。打开筒的开关,让砂流入试坑内。在此期间,应注意勿碰动灌砂筒。直到储砂筒内的砂不再下流时,关闭开关。仔细取走灌砂筒,并称量筒内剩余砂的质量 m'_4,准确至1g,如图4-19所示。

a) b)

图4-19 现场灌砂程序示意图
a)灌砂;b)称筒及余砂质量

⑧仔细取出试筒内的量砂,以备下次试验时再用。若量砂的湿度已发生变化或量砂中混有杂质,则应该重新烘干、过筛,并放置一段时间,使其与空气的湿度达到平衡后再用。

3 计算

(1)按式(4-7)或式(4-8)分别计算填满试坑所用砂的质量 m_b(g)。

①灌砂时,试坑上放有基板时:

$$m_b = m_1 - m_4 - (m_5 - m_6) \tag{4-7}$$

②灌砂时,试坑上不放基板时:

$$m_b = m_1 - m'_4 - m_2 \tag{4-8}$$

式中:m_b——填满试坑时所用砂的质量(g);
m_1——灌砂前灌砂筒及砂的总质量(g);
m_2——灌砂筒下部圆锥体内砂的质量(g);
m_4、m'_4——灌砂后,灌砂筒内剩余砂及筒的质量(g);
$(m_5 - m_6)$——灌砂筒下部圆锥体内及基板和粗糙表面间砂的合计质量(g)。

(2)按式(4-9)计算试坑材料的湿密度 ρ_w(g/cm³)。

$$\rho_w = \frac{m_w}{m_b} \times \rho_s \tag{4-9}$$

式中:m_w——试坑中取出的全部材料的质量(g);

　　　ρ_s——量砂的松方密度(g/cm³)。

(3)按式(4-10)计算试坑材料的干密度 ρ_d(g/cm³)。

$$\rho_d = \frac{\rho_w}{1 + 0.01w} \qquad (4\text{-}10)$$

式中:w——试坑材料的含水率(%)。

(4)当为水泥、石灰、粉煤灰等无机结合料稳定土的场合,可按式(4-11)计算干密度 ρ_d(g/cm³)。

$$\rho_d = \frac{m_d}{m_b} \times \rho_s \qquad (4\text{-}11)$$

式中:m_d——试坑中取出的稳定土的烘干质量(g)。

(5)按式(4-12)计算施工压实度。

$$K = \frac{\rho_d}{\rho_c} \times 100\% \qquad (4\text{-}12)$$

式中:K——测试地点的施工压实度(%);

　　　ρ_d——试样的干密度(%);

　　　ρ_c——由击实试验得到的试样的最大干密度(g/cm³)。

(6)各种材料的干密度均应准确至 0.01g/cm³。

(7)压实度(灌砂法)现场检测结果如表4-6、表4-7所示。

标准砂标定试验记录表(灌砂法用) 表4-6

项目名称			合同段		施工单位		
水温	25℃		水的密度(g/cm³)		$\rho = 0.99702$		
灌砂筒编号			灌砂筒直径(mm)		150		
试验单位					试验日期		
标定罐体积	(标定罐+玻璃板)质量(g)	(1)		2 210	2 210	2 210
	(标定罐+玻璃板+水)质量(g)	(2)		4 847	4 850	4 851
	标定罐体积(cm³) (3)=[(2)-(1)]/ρ	(3)		2 645	2 648	2 649
	平均体积(cm³)	(4)		2 647		
锥体砂质量	锥体砂质量=玻璃板上砂质量(g)	(5)		712	710	717
	平均锥体砂质量(g)	(6)		713		
砂密度	灌砂前(筒+砂)质量(g)	(7)		9 000	9 000	9 000
	灌砂后(筒+砂)质量(g)	(8)		4 528	4 522	4 527
	标定罐砂质量(g) (9)=(7)-(8)-(6)	(9)		3 759	3 765	3 760
	量砂松方密度(g/cm³) (10)=(9)/(4)	(10)		1.420	1.422	1.420
	平均砂密度(g/cm³)			1.42		
结果	锥体砂质量:713(g)		量砂的密度:1.42(g/cm³)				
试验:		年 月 日	复核:			年 月 日	

灌砂法压实度检测记录表

表4-7

项目名称				合同段	
施工单位				工程名称	
层次				量砂密度 ρ_s (g/cm³)	1.421
最大干密度(g/cm³)		1.82	最佳含水率(%)	14.2	压实度标准(%) 96

序号	试验项目公式		试验位置(桩号)				
(1)	现场标定锥砂质量	灌砂前(筒+砂)质量(g)	4 500				
(2)		灌砂后(筒+砂)质量(g)	3 776				
(3)		锥体及基板和粗糙表面间砂的合计质量(g) (1)-(2)	724				
(4)	灌砂前(筒+砂)质量(g)		9 000				
(5)	灌砂后(筒+砂)质量(g)		4 331				
(6)	灌入试坑砂质量(g) (4)-(5)-(3)		3 945				
(7)	试坑体积(cm³) (6)/ρ_s		2 776.2				
(8)	湿试样质量(g)		5 611				
(9)	湿密度(g/cm³) (8)/(7)		2.021				
(10)	盒号		28	36			
(11)	盒质量(g)		78.5	80.4			
(12)	(盒+湿土)质量(g)		199.7	213.9			
(13)	(盒+干土)质量(g)		183.8	196.1			
(14)	干土质量(g) (13)-(11)		105.3	115.7			
(15)	水质量(g) (12)-(13)		16.4	17.1			
(16)	含水率 (15)/(14)×100		15.10	15.21			
(17)	平均含水率(%)		15.2				
(18)	干密度(g/cm³)(9)/(1+0.01×(17))		1.75				
(19)	最大干密度(g/cm³)		1.82				
(20)	压实度(%) (18)/(19)×100		96.4				
(21)	压实层厚度(cm)		16.2				

注:压实层厚度为灌砂后挖至下层实测值。

检测: 　　　　年 月 日　　复核: 　　　　年 月 日

四 注意事项

灌砂法是施工过程中最常用的试验方法之一。此方法实际操作时常常不易掌握,人为因素影响较大,会引起较大误差,故经常是质量检测监督部门与施工单位之间发生矛盾或纠纷的环节,因此应严格遵循试验的每个细节,以提高试验精度。为使试验规范、结果准确,应注意以下几个环节:

(1)灌砂筒内的量砂在重复使用时,应烘干,处理一致,否则影响量砂的松方密度。若更换量砂,必须重测其松方密度。

(2)在进行标定罐容积标定时,罐外的水一定要擦干。

(3)在挖坑时,试坑周壁应垂直,避免出现上大下小或上小下大的情形,且不得使凿出的试样丢失,以免检测密度偏大或偏小。

(4)地表面处理要平整,如果表面凸出一点(哪怕仅有1mm高),使得基板抬高一薄层,将造成试件体积计算偏大,从而导致试验结果出现偏差。

(5)无论是室内还是现场标定灌砂筒锥砂的质量,灌砂筒内装砂质量为m_5,而非m_1,即要流出一部分与试坑体积或标定罐容积相当的砂。现场标定灌砂筒锥砂的质量后,基板应尽量放在原处挖坑。

(6)灌砂时检测厚度应为整个碾压层厚,不能只取上部或者取至下一个碾压层。

4.4 钻芯法测定沥青路面面层压实度

一 任务描述

压实度是评定沥青路面质量的一个很重要的技术指标。沥青类路面的压实度是指按规定方法测得的混合料的毛体积密度或表观密度与标准密度的比值,用百分数表示。国内外均以取芯测定作为标准试验方法。

钻芯法适用于测定从压实的沥青路面上钻取沥青混合料芯样的密度,以评定沥青混凝土面层的施工压实度。

二 任务分析

进行沥青路面面层压实度检测,是用钻芯法在路面按随机选点法钻取芯样,按现行《公路工程沥青及沥青混合料试验规程》(JTJ 052—2000)的沥青混合料试件密度试验方法测定试件的表观密度或毛体积密度，从而计算压实度。

三 任务实施

1 仪具与材料

（1）路面取芯钻机，如图4-20所示。
（2）天平，感量不大于0.1g。
（3）溢流水槽。
（4）吊篮。
（5）石蜡。
（6）其他：卡尺，毛刷，小勺，取样袋（容器），电风扇。

2 方法与步骤

（1）钻取芯样

沥青混凝土芯样直径不宜小于ϕ100mm。取芯方法按《公路路基路面现场测试规程》（JTG E60—2008）的要求，应按如下操作步骤进行：

①在选取采样地点的路面上，先用粉笔对钻孔位置做标记。

②用钻机在取样地点垂直对准路面放下钻头，牢固安放钻机，使其在运转过程中不得移动。

③开放冷却水，起动电动机，徐徐压下钻杆，钻取芯样，但不得使劲下压钻头，待钻透全厚后，上抬钻杆，拔出钻头，停止转动，不使芯样损坏，取出芯样。沥青混合料及水泥混凝土芯样可用清水漂洗干净备用。

注：当有试验要求不能用水冷却时，应采用干钻孔，此时为保护钻头，可先用干冰约3kg放在取样位置上冷却路面约1h，钻孔时通以低温CO_2等冷却气体以代替冷却水。

当一次钻孔取得的芯样包含有不同层位的沥青混合料时，应根据结构组合情况用切割机将芯样沿各层结合面锯开分层进行测定，如图4-21~图4-23所示。

图4-20 取芯钻机

图4-21 在选定地点钻芯

图 4-22 提起钻芯机

图 4-23 取出芯样

(2)测定试件密度

①将钻取的试件在水中用毛刷轻轻刷净黏附的粉尘。如试件边角有浮松颗粒,应仔细清除。

②将试件晾干或用电风扇吹干不少于 24h,直至恒重。

③按现行《公路工程沥青及沥青混合料试验规程》(JTJ 052—2000)的沥青混合料试件密度试验方法测定试件密度 ρ_s。通常情况下采用表干法测定试件的毛体积相对密度;对吸水率大于 2% 的试件,宜采用蜡封法测定试件的毛体积相对密度;对吸水率小于 0.5% 特别致密的沥青混合料,在施工质量检验时,允许采用水中重法测定表观相对密度。

(3)检测结果计算

①当计算压实度的标准密度采用每天试验室实测的马歇尔击实试件密度或试验路段钻孔取样密度时,沥青面层的压实度按式(4-13)计算。

$$K = \frac{\rho_s}{\rho_0} \times 100\% \tag{4-13}$$

式中:K——沥青面层某一测定部位的压实度(%);

ρ_s——沥青混合料芯样试件的表观密度或毛体积密度(g/cm³);

ρ_0——沥青混合料标准密度(g/cm³)。

②计算压实度的标准密度采用最大理论密度时,沥青面层的压实度按式(4-14)计算。

$$K = \frac{\rho_s}{\rho_t} \times 100\% \tag{4-14}$$

式中:K——沥青面层某一测定部位的压实度(%);

ρ_s——沥青混合料芯样试件的表观密度或毛体积密度(g/cm³);

ρ_t——沥青混合料的最大理论密度(g/cm³)。

四 注意事项

(1)钻出芯样应写上桩号(或贴标签),并用塑料袋封好。

(2)若所钻出的芯样包含下一结构层,应沿层面锯开,分层进行测定。

(3)钻孔取样应在路面完全冷却后进行,对普通沥青路面通常在第二天取样,对改性沥青及 SMA 路面宜在第三天以后取样。

压实度评定

一 压实度检验评定标准

路基、路面压实度检验评定标准要求见表 4-8(权值均为3)。

压实度检验评定要求　　　　表 4-8

工程项目类型			规定值			检查方法和频率
			高速公路、一级公路	其他公路		
				二级公路	三、四级公路	
土方路基	零填及挖方(m)	0~0.30	—	—	≥94	按有关方法检查,每200m 每压实层测4处
		0~0.80	≥96	≥95	—	
	填方(m)	0~0.80	≥96	≥95	≥94	
		0.80~1.50	≥94	≥94	≥93	
		>1.50	≥93	≥92	≥90	
级配碎(砾)石	基层	代表值	98	98		按有关方法检查,每200m 每车道2处
		极值	94	94		
	底基层	代表值	96	96		
		极值	92	92		
水泥土、石灰土、石灰粉煤灰土	基层	代表值	—	95		按有关方法检查,每200m 每车道2处
		极值	—	91		
	底基层	代表值	95	93		
		极值	91	89		
石灰稳定粒料	基层	代表值	—	97		按有关方法检查,每200m 每车道2处
		极值	—	93		
	底基层	代表值	96	95		
		极值	92	91		

续上表

工程项目类型			规定值			检查方法和频率
			高速公路、一级公路	其他公路		
				二级公路	三、四级公路	
石灰、粉煤灰稳定粒料、水泥稳定粒料	基层	代表值	98	97		按有关方法检查,每200m每车道2处
		极值	94	93		
	底基层	代表值	96	95		
		极值	92	91		
沥青混凝土和沥青碎(砾)石面层			试验室标准密度的96%(*98%) 最大理论密度的92%(*94%) 试验段密度的98%(*99%)			按有关方法检查,每200m每车道1处

注:表内压实度可选用其中的 1 个或 2 个标准评定,选用两个标准时,以合格率低的作为评定结果。带 * 号者是指 SMA 路面,其他为普通沥青混凝土路面。

路基、路面压实度以 1～3km 长的路段为检验评定单元,按要求的检测频率(参见表 4-8)及方法进行现场压实度抽样检查,求算每一测点的压实度 K_i。

二 压实度评定要点

(1)控制平均压实度的置信下限,以保证总体水平。
(2)规定单点极限值不得超出给定值,防止局部留下隐患。
(3)规定扣分界限,以区分质量优劣。

三 压实度评定方法

1 压实度代表值计算

检验评定段的压实度代表值 K(算术平均值的下置信界限)为:

$$K = \overline{K} - S \times (t_\alpha / \sqrt{n}) \geq K_0 \qquad (4\text{-}15)$$

式中:$\overline{K}$——检验评定段内各测点压实度的平均值;
$\quad t_\alpha$——t 分布表中随测点数和保证率(或置信度 α)而变的系数,见表 2-8;采用的保证率,高速公路、一级公路:基层、底基层为99%,路基、路面面层为95%;其他公路:基层、底基层为95%;路基、路面面层为90%;
$\quad S$——检测值的均方差;
$\quad n$——检测点数;
$\quad K_0$——压实度标准值。

2 压实度评定

(1)路基、基层和底基层

$K \geq K_0$ 且单点压实度 K_i 全部大于或等于规定值减 2% 时,评定路段的压实度合格率为 100%;当 $K \geq K_0$,且单点压实度全部大于或等于规定极值时,按测定值不低于规定值减 2% 的测点数计算合格率。

$K < K_0$ 或某一单点压实度 K_i 小于规定极值时,该评定路段压实度为不合格,相应分项工程评定为不合格。

路堤施工段较短时,各点分层压实度应符合要求,且样本数不少于 6 个。

(2)沥青面层

当 $K \geq K_0$ 且全部测点大于规定值减 1% 时,评定路段的压实度合格率为 100%;当 $K \geq K_0$ 时,按测定值不低于规定值减 1% 的测点数计算合格率。

当 $K < K_0$ 时,评定路段的压实度为不合格,相应分项工程评定为不合格。

【例题 4-1】 某公路路基施工中,某一路段压实度检测结果如表 4-9 所示,压实度标准 $K_0 = 95\%$。试按保证率 95% 评定该路段的压实度。

压实度检测结果　　　　表 4-9

序号	1	2	3	4	5	6	7	8	9	10
压实度(%)	96.4	95.4	93.5	97.3	96.3	95.8	95.9	96.7	95.3	95.6
序号	11	12	13	14	15	16	17	18	19	20
压实度(%)	97.6	95.8	96.8	95.7	96.1	96.3	95.1	95.5	97.0	95.3

解: 经计算:

$$\overline{K} = 95.79\%$$
$$S = 0.91\%$$

查附表得:

$$t_{0.95}/\sqrt{n} = 0.387$$
$$K = \overline{K} - S \cdot t_a/\sqrt{n} = 95.97 - 0.91 \times 0.387 = 95.62 \geq K_0$$

故 $K > K_0$,且因单点压实度全部大于规定值减 2%,所以该路段压实度的合格率为 100%。

单元小结

(1)通常用压实度来衡量现场压实的质量。路基土、路面基层的压实度是指工地实际达到的干密度与室内标准击实试验所得的最大干密度的比值,用百分数表示;沥青类路面的压实度是指现场实际达到的密度与标准密度的比值,用百分数表示。

(2)现场密度主要检测方法有环刀法、灌砂法和钻芯法。

①进行环刀法测定压实度,首先现场选点,将取土器(环刀)放置于土基或路面基层材料上进行取样,根据取出试样的质量及环刀体积(已知)计算试样的密度,测定试样的含水率并计算干密度,再根据击实试验得出的最大干密度来计算压实度。

②灌砂法是利用均匀颗粒的砂去置换试洞的体积。首先在试验室测定标准量砂的密

度;然后在现场根据随机选点法选定试验地点,按规范挖取一个试洞,称取量砂灌入试洞,用量砂体积置换试洞体积,计算该测点的湿密度和干密度,从而得出该点压实度。

③钻芯法适用于测定从压实的沥青路面上钻取沥青混合料芯样的密度,以评定沥青混凝土面层的施工压实度。即用钻芯法在路面按随机选点法钻取芯样,按试验规程中沥青混合料试件密度试验方法测定试件的表观密度或毛体积密度,从而计算压实度。

(3)压实度评定要点。

①控制平均压实度的置信下限,以保证总体水平;

②规定单点极限值不得超出给定值,防止出现局部隐患;

③规定扣分界限以区分质量优劣。

自我检测

1. 简述路基土的最大干密度的确定方法及适用条件。
2. 环刀法测定压实度的检测仪器有哪些?分别简述其试验步骤。
3. 简述灌砂法测定现场压实度的要点。
4. 简述钻芯法测定沥青路面面层密度的试验方法及步骤。
5. 简述压实度的评定方法。
6. 对某公路路基压实质量进行检查时,压实度检测结果如表4-10所示,压实度标准 $K_0=95\%$。试按保证率95%对该路段进行质量评定,并计算该路段的得分(规定极值91%)。

压实度检测结果 表4-10

序号	1	2	3	4	5	6	7	8	9	10
压实度(%)	95.0	95.4	93.5	95.8	96.3	96.0	95.9	96.7	95.3	94.7
序号	11	12	13	14	15	16	17	18	19	20
压实度(%)	93.4	95.3	96.8	97.5	95.2	96.3	94.9	95.5	98.0	96.1

7. 对某一级公路水泥稳定砂砾基层49个点随机抽样进行压实质量检查,其检查结果为:压实度平均值为97.3%,变异系数为4.2%,试推算具有95%单边置信水平的置信下限。

单元 5

路基路面平整度检测

 学习目标

1. 能描述平整度的概念及测定意义;
2. 能采用 3m 直尺法检测平整度;
3. 能采用连续式平整度仪检测平整度;
4. 能评定路基路面平整度。

 工作任务

平整度是行车舒适性、安全性指标,路面施工结束后,每车道每路段均应检测路面凹凸情况即平整度,常采用 3m 直尺、连续式平整度仪法检测。

 教学建议

基于路基路面平整度测定的工作过程,实现"理实一体化"的教学方法,结合连续式平整度仪的讲解、现场演练,完成路基路面平整度检测任务。

学习指南

路面施工后，其表面的凹凸情况将对行车舒适性、安全性产生影响，路基、路面基层、底基层施工过程中可采用3m直尺法检测平整度，而沥青路面可采用连续式平整度仪检测。其中，3m直尺法设备简单，操作方法简单，为人工测定方法；连续式平整度仪法其设备先进，检测数据由设备自动采集，工作效率高；而颠簸累积仪仪器复杂，工作效率高，能直接反映路面行车舒适性。

本单元基于路面平整度检测方法，分解为两个任务。每个学生应沿着如下流程进行学习：

平整度的概念与测定意义 → 平整度测定方法的分类 →
3m直尺法测定路基、路面基层平整度 →
连续式平整度仪法测定路面平整度 → 平整度计算 → 工程检测案例

5.1 平整度测定的意义和测试方法

一、平整度的概念与测定意义

平整度是评定路面使用质量、施工质量及现有路面破坏程度的重要指标之一。它是指以规定的标准量规，间断地或连续地量测路表面的凹凸情况，即平整度的指标。

实践证明，路面面层由于直接与车辆接触，不平整的表面将会增大行车阻力，并使车辆产生附加振动作用。这种振动作用会造成行车颠簸，影响行车的速度和安全、驾驶的平稳和乘客的舒适。同时振动作用还会对路面施加冲击力，从而加剧路面和汽车机件损坏及轮胎的磨损，并增大油料的消耗。而且不平整的路面会积滞雨水，加速路面的破坏。因此，平整度的检测与评定是公路施工与养护的一个非常重要的环节。

二、平整度的测试方法

平整度的测试设备分为断面类及反应类两大类。断面类实际上用于测定路面表面的凹凸情况,最常用的测试设备有 3m 直尺和连续式平整度仪,还可通过精确测定高程得到。反应类是测定路面凹凸不平引起车辆振动的颠簸情况,测得驾驶员和乘客直接感受到的平整度指标,因此它实际上得到的是舒适性能指标,常用的测试设备是车载式颠簸累积仪。现已有更新型的自动化测试设备,如纵断面分析仪、激光平整度仪、路面平整度数据采集系统测定车等。几种常见平整度检测方法的特点及技术指标比较见表 5-1。

平整度测试方法比较　　　　　表 5-1

方　法	特　点	技术指标
3m 直尺法	设备简单,结构直观,间断测试,工作效率低,反应凹凸程度	最大间隙 h(mm)
连续式平整度仪法	设备较复杂,连续测试,工作效率高,反应凹凸程度	标准差 σ(mm)
颠簸累积仪	设备复杂,工作效率高,连续测试,反应舒适性	单项累计值 IRI(cm/km)、VBI

三 平整度的技术标准

由于路表面的平整度与路面各结构层次的平整状况有着一定的联系,即各层次的平整效果将累积反映到路面表面上,因此,为了确保路面表面的平整,还要对路基、路面基层和底基层的平整度进行控制和检测。《公路工程质量检验评定标准(土建工程)》(JTG F80/1—2004)对路基、路面、基层、底基层和路肩提出了平整度要求,见表 5-2~表 5-4。

路基、路面基层、底基层平整度要求　　　　　表 5-2

项目 结构类型	规定值或允许偏差(mm)		检查方法和频率	权值
	高速公路、一级公路	其他公路		
土方路基	15	20	3m 直尺:每 200m 测 2 处×10 尺	2
石方路基	20	30		
土工合成材料处治层 (下承层)	符合设计施工要求		每 200m 检查 4 处	1
底基层	12	15	3m 直尺:每 200m 测 2 处×10 尺	2
基层	8 或—(见注)	12		

注:对于高速公路及一级公路,其水泥稳定粒料基层,石灰、粉煤灰稳定粒料基层,级配碎(砾)石基层的平整度规定值为 8mm,其余类型基层无规定值要求。

路面面层平整度要求　　　　　表 5-3

项目 结构类型	检查项目	规定值或允许偏差		检查方法和频率	权值
		高速公路、 一级公路	其他公路		
水泥混凝土	σ(mm)	1.2	2.0	平整度仪:全线每车道连续检测,每 100m 计算 σ、IRI	2
	IRI(m/km)	2.0	3.2		
	最大间隙 h(mm)	—	5	3m 直尺:半幅车道板带每 200m 测 2 处×10 尺	

续上表

项目 结构类型	检查项目	规定值或允许偏差 高速公路、一级公路	规定值或允许偏差 其他公路	检查方法和频率	权值
沥青混凝土和沥青碎石	σ(mm)	1.2	2.5	平整度仪:全线每车道连续按每100m计算σ或IRI	2
沥青混凝土和沥青碎石	IRI(m/km)	2.0	4.2	平整度仪:全线每车道连续按每100m计算σ或IRI	2
沥青混凝土和沥青碎石	最大间隙h(mm)	—	5	3m 直尺:每200m测2处×10尺	2
沥青贯入式	σ(mm)	3.5	3.5	平整度仪:全线每车道连续按每100m计算σ或IRI	3
沥青贯入式	IRI(m/km)	5.8	5.8	平整度仪:全线每车道连续按每100m计算σ或IRI	3
沥青贯入式	最大间隙h(mm)	8	8	3m 直尺:每200m测2处×10尺	3
沥青表面处治	σ(mm)	4.5	4.5	平整度仪:全线每车道连续按每100m计算σ或IRI	2
沥青表面处治	IRI(m/km)	7.5	7.5	平整度仪:全线每车道连续按每100m计算σ或IRI	2
沥青表面处治	最大间隙h(mm)	10	10	3m 直尺:每200m测2处×10尺	2

路肩平整度要求 表5-4

结 构 类 型	规定值或允许偏差(mm)	检查方法和频率	权值
土路肩	20	3m 直尺:每200m测2处×4尺	1
硬路肩	10	3m 直尺:每200m测2处×4尺	1

5.2 3m 直尺测定平整度

一 任务描述

在路基路面施工过程中,由于施工质量控制不严、施工工艺不够精细或施工机具落后等因素的影响,往往会造成路基路面表面凹凸不平。另外,道路在使用过程中,由于长期受车辆荷载作用,使得路面个别结构层承重能力降低,致使道路产生永久变形,也会使路面产生凹凸不平的现象。其外观特征示意如图5-1所示。如果该凹凸量值过大,将直接关系到行车的安全性、舒适性以及营运经济性,并影响路面的使用年限。因此,在公路施工及养护过程中,必须将该指标控制在一定范围内。现有××高速公路级配碎石基层,欲对其采用3m

直尺法测定平整度。

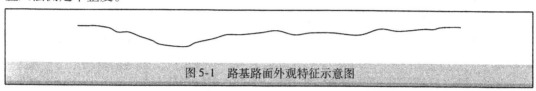

图 5-1　路基路面外观特征示意图

二 任务分析

为了测定路基、路面表面的平整度值,可以将底面平直的 3m 直尺摆在凹凸不平的测试路段上,其测定原理如图 5-2 所示。由于路表面高低不平,故与直尺间存在间隙,则用有高度标记的楔形塞尺测量出路表面与直尺间的最大间隙,即可作为平整度指标,以 mm 计。

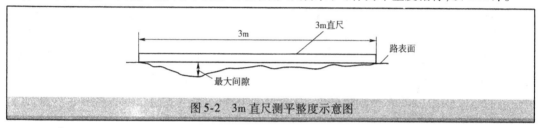

图 5-2　3m 直尺测平整度示意图

3m 直尺法适用于测定压实成型的路面各层表面的平整度,以评定路面的施工质量,也可用于路基表面成型后的施工平整度检测。

本方法按现行《公路路基路面现场测试规程》(JTG E60—2008)执行。

三 任务实施

1 仪具与材料

(1)3m 直尺:测量基准面长度为 3m 长,基准面应平直,用硬木或铝合金钢等材料制成,可折叠,如图 5-3 所示。打开后长 3m,上有水准气泡,其形状如图 5-4 所示。

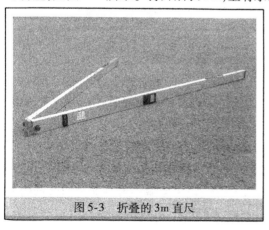

图 5-3　折叠的 3m 直尺

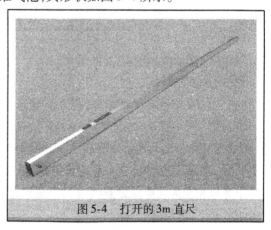

图 5-4　打开的 3m 直尺

(2)最大间隙测量器具

①楔形塞尺:硬木或金属制的三角形塞尺,有手柄。塞尺的长度与高度之比不小于10,宽度不大于15mm,边部有高度标记,刻度读数分辨率小于或等于0.2mm,如图5-5所示。

②深度尺:金属制的深度测量尺,有手柄。深度尺测量杆端头直径不小于10mm,刻度读数分辨率小于或等于0.2mm。

(3)其他:皮尺或钢尺、粉笔等。

2 方法与步骤

(1)准备工作

①按有关规范规定选择测试路段。

②测试路段的测试地点选择:当为沥青路面施工过程中的质量检测时,测试地点应选在接缝处,以单杆测定评定;除高速公路以外,可用于其他等级公路路基路面工程质量检查验收或进行路况评定,每200m测两处,每处连续测量10尺。除特殊需要者外,应以行车道一侧车轮轮迹(距车道标线0.8~1.0m)作为连续测定的标准位置,如图5-6所示。对旧路已形成车辙的路面,应取车辙中间位置为测定位置,用粉笔在路面上做好标记。

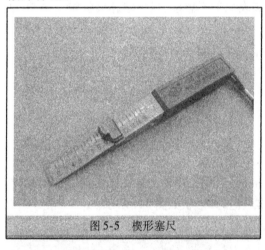

图5-5 楔形塞尺

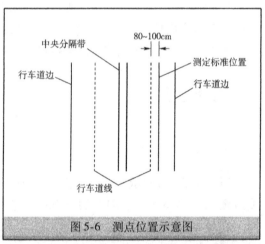

图5-6 测点位置示意图

③清扫路面测定位置处的污物。

(2)测试步骤

①在施工过程中检测时,根据需要确定的方向,将3m直尺摆在测试地点的路面上,如图5-7所示。

②目测3m直尺底面与路面之间的间隙情况,确定最大间隙的位置,如图5-7所示。

③用有高度标线的塞尺塞进间隙处,量测其最大间隙的高度(mm),如图5-8所示;或者用深度尺在最大间隙位置量测直尺上顶面距地面的深度,该深度减去尺高即为测试点的最大间隙高度,准确到0.2mm。

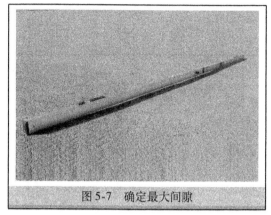
图5-7 确定最大间隙

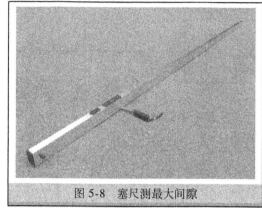
图5-8 塞尺测最大间隙

3 计算

(1)单杆检测路面的平整度计算,以3m直尺与路面的最大间隙为测定结果。

(2)连续测定10尺时,判断每个测定值是否合格,根据要求计算合格百分率,并计算10个最大间隙的平均值。

$$合格率 = (合格尺数 / 总测尺数) \times 100\% \qquad (5-1)$$

4 检测结果处理与评定

(1)单杆检测的结果应随时记录测试位置及检测结果。

(2)连续测定10尺时,应报告平均值、不合格尺数、合格率。

(3)平整度检测记录表见表5-5。

平整度检测(3m直尺法)记录表　　　　表5-5

项目名称:××高速公路　　　施工单位:××工程公司　　　结构名称:(级配碎石)基层

起讫桩号(右幅)	实　测　值(mm)										备注
K1+775~K1+975	6.5	12.5	7.0	6.5	4.0	3.4	7.8	2.5	7.0	10.0	
	6.5	4.0	3.0	7.6	4.0	6.0	3.5	4.0	3.5	8.0	
测点数	20					规定值	8				
不合格尺数	2					合格率	90.0%				

检测:　　　　　　　　　　年　月　日　　复核:　　　　　　　　　　年　月　日

四 注意事项

(1)测试之前应将测定位置处的污物清扫干净,以免影响测试结果。

(2)应正确选择测试位置,并且保证在测试过程中不要偏离。

(3)测间隙时,保证塞尺检测处为最大间隙处,当用目测无法判断最大间隙位置时,可用塞尺反复测试。

(4)连续检测时,要注意首尾相连,不能任意挪动。

5.3 连续式平整度仪测定平整度

一 任务描述

3m 直尺法虽然设备简单,操作方便,但属于间断测试,由人工操作,工作效率低且受人为因素影响较大。另外,《公路工程质量检验评定标准(土建工程)》(JTG F80/1 — 2004)规定:高速公路和一级公路的各种路面,采用连续式平整度仪作连续测定,要求以均方差 σ 代表路段现有的平整度。因此,在高等级公路施工与养护过程中,对于路面面层平整度的测试均采用连续式平整度仪法。现有××高速公路沥青混凝土路面上面层,欲对其采用连续式平整度仪测定其路面平整度。

二 任务分析

用连续式平整度仪测定平整度,只需将仪器调试好,用牵引车以一定的速度拉着仪器在测试路段上匀速行驶,便可通过测定轮上装有的位移传感器、距离传感器等检测器,每隔一定间距自动采集路面凹凸偏差位移值,并以每 100m 为一个计算区间,自动计算、打印路面平整度均方差。以均方差 σ 代表路段现有的平整度。

连续式平整度仪法适用于测定路表面的平整度,评定路面的施工质量和使用质量,但不适用于在已有较多坑槽、破损严重的路面上测定。

本方法按现行《公路路基路面现场测试规程》(JTG E60 — 2008)执行。

三 任务实施

1 仪具与材料

(1)连续式平整度仪

①整体结构:如图 5-9、图 5-10 所示,除特殊情况外,连续式平整度仪的标准长度为 3m,其质量应符合仪器标准的要求。中间为一个 3m 长的机架,机架可缩短或折叠,前后各有 4

个行走轮,前后两组轮的轴间距离为3m。

图5-9 折叠的连续式平整度仪

图5-10 打开的连续式平整度仪

②标准差测量传感器:安装在机架中间,可以是能起落的测定轮,如图5-11所示,或非接触式位移传感器,如激光或超声位移测量传感器。

③其他辅助机构:蓄电池电源,距离传感器,与数据采集、处理、存储、输出部分配套的采集控制箱及计算机、打印机等。

④测定间距为10cm,每一计算区间的长度为100m,并输出一次结果。

⑤可记录测量长度(m)、曲线振幅大于某一定值(如3mm、5mm、8mm、10mm等)的次数、曲线振幅的单向(凸起或凹下)累计值及以3m机架为基准的中点路面偏差曲线图,计算、打印。

⑥机架装有一牵引钩及手拉柄,可用人力或汽车牵引。其构造图如图5-12所示。

图5-11 连续式平整度仪测定轮

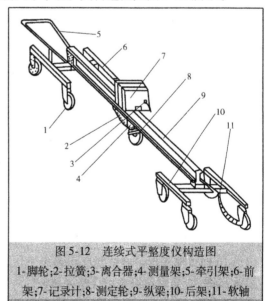

图5-12 连续式平整度仪构造图
1-脚轮;2-拉簧;3-离合器;4-测量架;5-牵引架;6-前架;7-记录计;8-测定轮;9-纵梁;10-后架;11-软轴

(2)牵引车:小面包车或其他小型牵引汽车。

(3)皮尺或测绳。

❷ 方法与步骤

(1) 准备工作

①按有关规范规定选择测试路段。

②当为施工过程中质量检测需要时,测试地点根据需要决定;当为路面工程质量检查验收或进行路况评定需要时,通常以行车道一侧车轮轮迹带作为连续测定的标准位置。对旧路已形成车辙的路面,取一侧车辙中间位置为测定位置。当以内侧轮迹带(或外侧轮迹带)作为测定位置时,测定位置距车道标线 80~100cm。

③清扫路面测定位置处的杂物。

④检查仪器检测箱各部分应完好、灵敏,并将各连接线接好,安装记录设备。

(2) 测试步骤

①将连续式平整度测定仪置于测试路段路面起点上。

②在牵引汽车的后部,将连续式平整度仪与牵引汽车连接好,按照仪器使用手册依次完成各项操作。

③起动牵引汽车,沿道路纵向行驶,横向位置保持稳定。

④确认连续式平整度仪工作正常。牵引连续式平整度仪的速度应保持匀速,速度宜为 5km/h,最大不得超过 12km/h。

在测试路段较短时,亦可用人力拖拉平整度仪测定路面平整度,但拖拉时应保持匀速前进。

❸ 计算

(1) 连续式平整度仪测定后,可按每 10cm 间距采集的位移值自动计算得到每 100m 计算区间的平整度标准差(mm),还可以记录测试长度(m)。

(2) 每一计算区间的路面平整度以该区间测定结果的标准差表示:

$$\sigma_i = \sqrt{\frac{\sum d_i^2 - (\sum d_i)^2/N}{N-1}} \tag{5-2}$$

式中:σ_i——各计算区间的平整度计算值(mm);

d_i——以 100m 为一个计算区间,每隔一定距离(自动采集间距为 10cm,人工采集间距为 1.5m)采集的路面凹凸偏差位移值(mm);

N——计算区间用于计算标准差的测试数据个数。

(3) 计算一个评定路段内各区间平整度标准差的平均值、标准差、变异系数。

❹ 检测结果处理与评定

(1) 列表报告每一评定路段内各测定区间的平整度标准差、各评定路段平整度的平均值、标准差、变异系数以及不合格区间数。

(2) 对于每一评定路段,计算出平整度均方差的平均值,要求小于等于相应等级公路的规范要求值。测试时对于桥头、通道两侧的伸缩缝、路面污染处,其数据应予剔除,计算时不考虑。

(3) 连续式平整度仪测定平整度记录表见表 5-6。

连续式平整度仪测定平整度记录表　　　　表5-6

工程名称：××高速公路　　结构名称：沥青混凝土路面上面层　　规定值：$[\sigma]=1.2\text{mm}$　　路段桩号：

测定区间桩号	标准差	平均值	标准差(mm)	变异系数(%)	合格区间数	合格率(%)
K2+100	0.48					
K2+200	0.76					
K2+300	0.51					
K2+400	0.80					
K2+500	0.65					
K2+600	1.67（桥头伸缩缝）	0.68	0.146	21.5	9	81.8
K2+700	0.71					
K2+800	0.94					
K3+900	0.57					
K3+000	1.35（路面污染）					
K3+100	0.70					

结论：根据《公路工程质量检验评定标准（土建工程）》(JTG F80/1—2004)规定，高速公路沥青混凝土路面上面层平整度规定值$[\sigma]=1.2\text{mm}$，经计算该路段平整度均方差的平均值为0.68mm，即$\overline{\sigma}=0.68\text{mm}<[\sigma]=1.2\text{mm}$，所以该路段平整度评定为合格

检测：　　　　　　　　　年　月　日　　复核：　　　　　　　　　　年　月　日

四　注意事项

（1）测试之前应将测定位置处的污物清扫干净，以免影响测试结果。

（2）测试前应检查仪器各部件是否完好、灵敏、连接无误。

（3）测试时速度应保持匀速，宜为5km/h，最大不超过12km/h，且测试过程中横向位置应保持稳定。

（4）路面有较多坑槽、破损严重时不宜采用此方法测试。

（5）测试时应在测试纸上随时记录桥头、通道两侧伸缩缝、路面污染的位置。

单元小结

（1）平整度是评定路面使用质量、施工质量及现有路面破损程度的重要指标之一。它是指以规定的标准量规，间断地或连续地量测路表面的凹凸情况，即不平整度的指标。

（2）平整度的测试设备分为断面类及反应类两大类。断面类实际上是测定路面表面的凹凸情况，最常用的测试设备有3m直尺和连续式平整度仪，还可用精确测定高程得到。反应类是测定路面凹凸不平引起车辆振动的颠簸情况，测得驾驶员和乘客直接感受到的平整

度指标,因此它实际上得到的是舒适性能指标,常用的测试设备是车载式颠簸累积仪。

①将底面平直的 3m 直尺摆在凹凸不平的测试路段上,由于路表面高低不平,故与直尺间存在间隙,则用有高度标记的楔形塞尺测量出路表面与直尺间的最大间隙,即可作为平整度指标。

②用牵引车以一定的速度拉着连续式平整度仪在测试路段上匀速行驶,便可通过测定轮上装有的位移传感器、距离传感器等检测器,每隔一定间距自动采集路面凹凸偏差位移值,并以每 100m 为一个计算区间,自动计算、打印路面平整度均方差。以均方差 σ 代表路段现有的平整度。

自我检测

1. 常见的平整度测试方法有哪些?这些测试方法相应的技术指标及特点是什么?
2. 简述 3m 直尺法测平整度的测试步骤。
3. 简述 3m 直尺法测平整度时应该注意的问题。
4. 简述连续式平整度仪法测平整度时应该注意的问题。

单元 6

路面抗滑性能检测

学习目标

1. 能描述路面抗滑性能的概念及其测定意义;
2. 了解路面抗滑性能测试方法;
3. 能采用手工铺砂法测定路面构造深度;
4. 能采用摆式仪测定路面的抗滑摆值;
5. 能处理抗滑摆值测试数据。

工作任务

为保证路面行车的安全性,对路面微观构造和宏观构造均应检测,即分别检测路面的构造深度和路面抗滑值,使其符合抗滑性能要求。

教学建议

基于路面抗滑性能测试的工作过程,实现"理实一体化"的教学方法,结合抗滑性能测试练习,完成路面抗滑性能评价。

> **学习指南**

路面微观构造在车辆低速时对抗滑起决定作用,而宏观构造在高速时起主要作用。构造深度是通过将一定体积的砂摊铺在路面上,如果砂摊铺的面积越大,说明砂嵌入表面空隙中的厚度越薄,路面的抗滑性能越不利。路面的抗滑摆值测试原理是:通过底部装有橡胶片的摆锤在洒水后的路面上摆动所受到的摩擦阻力来模拟车辆轮胎在雨天路面上行驶时受到的摩擦力。相对于构造深度来讲,抗滑摆值更直观地反映路面的抗滑性能。

本单元基于路面抗滑性能测试的工作过程,分解为两个任务。每个学生应沿着如下流程进行学习:

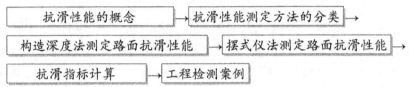

6.1 路面抗滑性能的测定意义及测试方法

一、路面抗滑性能的概念

路面抗滑性能是指车辆轮胎受到制动时沿表面滑移所产生的力。通常抗滑性能被看作路面的表面特性,并用轮胎与路面间的摩阻系数来表示。路面表面特性包括路表面细构造(微观构造)和粗构造(宏观构造)。影响抗滑性能的因素有路面表面特性、路面潮湿程度和行车速度。

路表面微观构造指集料表面的粗糙度,它随车轮的反复磨耗而逐渐被磨光。通常用石料磨光值(PSV)表征抗磨光的性能。微观构造在低速(30~50km/h 以下)时对路表抗滑性能起决定作用。路面的宏观构造是指路表面凹凸不平的开口孔隙,其外观特征如图 6-1 所示。在高速时主要起作用的是宏观构造,它主要反映路面表面的排水性能,通常用构造深度表示。

二 路面抗滑性能的要求

我国公路科学研究者在参考国内外的研究成果并在结合我国实际情况的基础上,提出了高等级公路路面抗滑性能的检验方法及标准。具体是以路面的摩擦系数与构造深度来作为衡量指标。

路面摩擦系数是反映在较高速行车条件下的路面抗滑综合指标,目前世界上使用的有纵向摩擦系数与横向摩擦系数两种。纵向摩擦系数主要表示车辆在路面上沿行车方向制动时的路面拉力。横向摩擦系数表示车辆在制动时路面的拉力,同时还表征车辆在路面上发生侧滑的拉力。我国《公路路基路面现场测试规程》(JTG E60—2008)规定:采用横向力摩

图6-1 宏观构造外观特征图

擦系数测定车测量路面横向摩擦系数(SFC)。我国《公路沥青路面设计规范》(JTG D50—2006)规定:以竣工后第一个夏季测定的横向摩擦系数作为评定指标。

《公路工程质量检验评定标准(土建工程)》(JTG F80/1—2004)对面抗滑性能的要求见表6-1。

路面抗滑性能的要求　　　　　　表6-1

路面类型	检查项目	规定值或允许偏差		检查方法和频率	权值
		高速公路、一级公路	其他公路		
水泥混凝土面层	构造深度(mm)	一般路段不小于0.7且不大于1.1;特殊路段不小于0.8不大于1.2	一般路段不小于0.5且不大于1.0;特殊路段不小于0.6且不大于1.1	铺砂法:每200m测1处	2
沥青混凝土和沥青碎(砾)石面层	摩擦系数	符合设计要求	—	摆式仪:每200m测1处;横向力系数测定车:全线连续,按JTG F80/1—2004附录K评定	2
	构造深度(mm)			铺砂法:每200m测1处	

三 路面抗滑性能测试方法

路面抗滑性能测试方法有：构造深度测试法（手工铺砂法、电动铺砂法及激光构造仪法）、摆式仪法、横向力系数测试法、制动距离法等。我国现行规范规程规定：采用摆式摩擦系数测定仪测定 BPN 摆值和构造深度来综合反映路面抗滑性能。

6.2 铺砂法测定路面构造深度

一 任务描述

国道××段工程为新建一级公路，其路面为中粒式沥青混凝土路面，为评定该路面的宏观粗糙度、抗滑性能及路表面的排水性能，现要求测定该路面的构造深度。

二 任务分析

测定路面构造深度的方法有手工铺砂法、电动铺砂法及激光构造深度仪法，最简单易行的方法就是采用手工铺砂法。手工铺砂法的原理是将已知体积的砂摊铺在所要测试路表的测点上，砂嵌入凹凸不平的表面空隙中，计算砂的体积与覆盖面积的比值即为构造深度。

三 任务实施

1 仪具与材料

（1）人工铺砂仪：由圆筒、推平板组成，如图 6-2 所示。

①量砂筒：如图 6-3a）所示，量砂筒一端为封闭的，内径为 $\phi 20mm$，外径为 $\phi 26mm$，总高 90mm，容积为 $25mL \pm 0.15mL$，可通过称量砂筒中水质量以确定其容积 V，并调整其高度，使

其容积符合规定要求。

②推平板:如图6-3b)所示,推平板应为木制或铝制,直径为$\phi 50mm$,底面粘一层厚1.5mm的橡胶片,上面有一圆柱把手。

图6-2 手工铺砂仪实物图

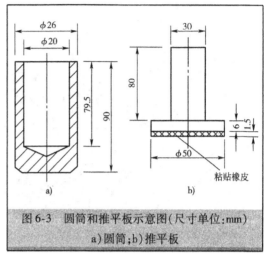

图6-3 圆筒和推平板示意图(尺寸单位:mm)
a)圆筒;b)推平板

③刮平尺:可用30cm钢板尺代替。

(2)量砂:足够数量的干燥洁净匀质砂,粒径0.15～0.3mm,如图6-4所示。

(3)量尺:钢板尺、钢卷尺或采用已按式(6-1)将直径换算成构造深度作为刻度单位的专用的构造深度尺。

(4)其他:装砂容器(小铲)、扫帚或毛刷、挡风板等。

图6-4 量砂实物图

2 方法与步骤

(1)准备工作

①量砂准备:取洁净的细砂晾干、过筛,取0.15～0.3mm的砂置于适当的容器中备用。量砂只能在路面上使用一次,不宜重复使用。

②确定测点:按《公路路基路面现场测试规程》(JTG E60—2008)附录A(见本教材单元2的2.1)的方法对测试路段按随机取样选点的方法,决定测点所在横断面位置。测点应选在行车道的轮迹带上,距路面边缘不应小于1m。

(2)测试步骤

①用扫帚或毛刷将测点附近的路面清扫干净,面积不小于30cm×30cm。

②用小铲向圆筒中注满砂(图6-5),手提圆筒上方,在硬质路表面上轻轻地叩打3次,使砂密实(图6-6),补足砂面用钢尺一次刮平(图6-7)。

③将砂倒在路面上,用底面黏有橡胶片的推平板,由里向外重复做旋转摊铺运动(图6-8),稍稍用力将砂细心地、尽可能地向外摊平,使砂填入凹凸不平的路表面的空隙中,尽可能将砂摊成圆形,并不得在表面上留有浮动余砂(图6-9),注意摊铺时不可用力过大或向外推挤。

④用钢板尺测量所构成圆的两个垂直方向的直径,取其平均值,准确至5mm(图6-10)。

图6-5 装砂

图6-6 叩实量砂

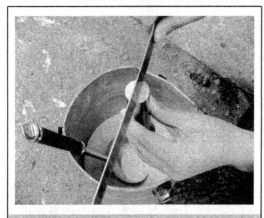

图6-7 刮平量砂

图6-8 摊铺运动

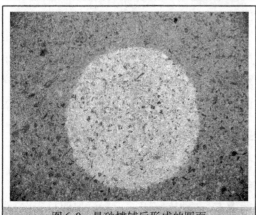

图6-9 量砂摊铺后形成的圆面

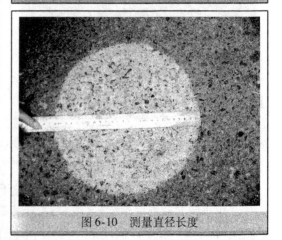

图6-10 测量直径长度

⑤按以上方法,同一处平行测定不少于3次,3个测定点均位于轮迹带上,测点间距3~5m。对同一处,应该由同一个试验员进行测定。该处的测定位置以中间测点的位置表示。

 **想一想**

如果摊铺时用力过大或向外推挤,会对检测结果产生什么影响?

3 计算

(1)路面表面构造深度测定结果按式(6-1)计算。

$$TD = \frac{1000V}{\pi D^2/4} = \frac{31831}{D^2} \tag{6-1}$$

式中:TD——路表面的构造深度(mm);
  V——砂的体积(25cm^3);
  D——摊平砂的平均直径(mm)。

(2)每一处均取3次路面构造深度的测定结果的平均值作为试验结果,准确至0.01mm。
(3)计算每一个评定区间路面构造深度的平均值、标准差、变异系数。

4 检验结果处理与评定

(1)列表逐点报告路面构造深度的测定值及3次测定的平均值,当平均值小于0.2mm时,试验结果以<0.2mm表示。
(2)计算每一个评定区间路面构造深度的平均值、标准差、变异系数。
(3)路面构造深度检测记录表见表6-2。

路面构造深度检测(砂铺法)记录表　　　　　表6-2

项目名称:国道××段工程　　施工单位:××公路工程公司

路面结构形式	中粒式沥青混凝土路面						构造深度 $TD=31831/D^2$	
测点位置或桩号	圆直径 D(mm)			构造深度 TD(mm)			平均构造深度(mm)	备注
	1	2	3	1	2	3		
K0+290~+490	200	205	195	0.80	0.76	0.84	0.80	
K0+490~+690	210	195	205	0.72	0.84	0.76	0.77	匝道2
K0+690~+890	200	195	210	0.80	0.84	0.72	0.79	
测点数	3	规定值	0.50	标准差	0.02	变异系数(%)	2.5	合格率(%)	100

检测:　　　　　　　　　年 月 日　　复核:　　　　　　　　　年 月 日

四 注意事项

(1) 量砂只能在路面上使用一次,不宜重复使用。回收砂禁止使用。

(2) 向量筒中装砂时必须用小铲装,不可直接用量筒装砂,以免影响量砂密度的均匀性(图 6-7)。

(3) 铺砂时不可用力过大或向外推挤,尽可能将砂摊成圆形,并不得在表面上留有浮动余砂。

6.3 摆式仪测定路面抗滑值

一 任务描述

国道××段工程为新建一级公路,其路面为中粒式沥青混凝土路面,为评定该路面在潮湿状态下的抗滑能力,现要求测定该路面的抗滑摆值。

二 任务分析

要评定路面在潮湿状态下的抗滑能力,可以采用制动距离法、偏转轮拖车法(横向力系数测试)及摆式仪法,最简单易行的方法就是采用摆式仪法测定路面的抗滑摆值来评定路面在潮湿状态下的抗滑能力。摆式仪法的原理是将底面装有一橡胶滑块的摆锤从一定高度自由下摆,滑块面同测试点表面接触,由于两者间的摩阻力作用而损耗部分能量,使摆锤只能回到一定高度,摆值越大说明回摆高度越小,则反映路表面的摩阻力越大。

三 任务实施

1 仪具与材料

(1) 摆式仪:形状如图 6-11 所示,结构如图 6-12 所示。摆及摆的连接部分总质量为

1500g±30g,摆动中心至摆的重心距离为410mm±5mm,测定时摆在路面上的滑动长度为126mm±1mm,摆上橡胶片端部距摆动中心的距离为510mm,橡胶片对路面的正向静压力为22.2N±0.5N。

图6-11 摆式仪实物图

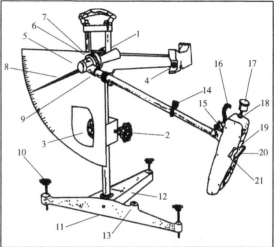

图6-12 摆式仪结构图
1、2-紧固把手;3-升降把手;4-释放开关;5-转向节螺盖;6-调节螺母;7-针簧片或毡垫;8-指针;9-连接螺母;10-调平螺栓;11-底座;12-垫块;13-水准泡;14-卡环;15-定位螺钉;16-举升柄;17-平衡锤;18-并紧螺母;19-滑溜块;20-橡胶片;21-止滑螺钉

(2)橡胶片:用于测定路面抗滑值时,其尺寸为6.35mm×25.4mm×76.2mm,橡胶质量应符合表6-3的要求。当橡胶片使用后,端部在长度方向上磨损超过1.6mm或边缘在宽度方向上磨耗超过3.2mm,或有油类污染时,即应更换新橡胶片。新橡胶片应在干燥路面上测试10次后再用于测试。橡胶片的有效使用期从出厂日期起算为12个月。

橡胶物理性质技术要求　　　　　　表6-3

性质指标	温度(℃)				
	0	10	20	30	40
弹性(%)	43~49	58~65	66~73	71~77	74~79
硬度	55±5				

(3)滑动长度量尺:长126mm,如图6-13所示。
(4)喷水壶。
(5)硬毛刷。
(6)路面温度计:分度不大于1℃。
(7)其他:皮尺或钢卷尺、扫帚、粉笔等。

❷ 方法与步骤

(1)准备工作

①检查摆式仪的调零灵敏情况,并定期进行仪器标定。

②按《公路路基路面现场测试规程》(JTG E60—2008)附录 A(见本教材单元 2 的 2.1)的方法,进行测试路段的取样选点。在横断面上的测点应选在行车道轮迹处,且距路面边缘应不小于 1m。

(2)测试步骤

①清洁路面:用扫帚或其他工具将测点处的路面打扫干净。

②仪器调平。

a. 将仪器置于路面测点上,并使摆的摆动方向与行车方向一致,如图 6-14 所示。

图 6-13 滑动长度量尺实物图

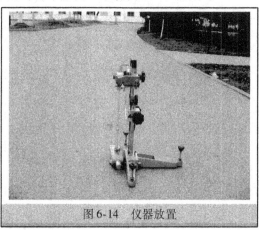

图 6-14 仪器放置

b. 转动底座上的调平螺栓,使水准气泡居中,如图 6-15 所示。

③调零。

a. 放松紧固把手,转动升降把手,使摆升高并能自由摆动,然后旋紧紧固把手。

b. 将摆固定在右侧悬臂上,使摆处于水平释放位置,并把指针拨至右端与摆杆平行处,如图 6-16 所示。

图 6-15 仪器调平

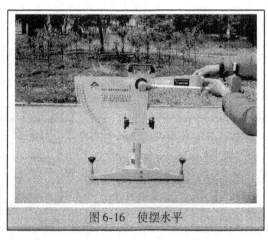

图 6-16 使摆水平

c. 按下释放开关,使摆向左带动指针摆动,当摆到达最高位置后下落时,用手将摆杆接住,此时指针应指零。若指针不指向零时,可稍旋紧或放松摆的调节螺母,重复本项操作,直至指针指零(图6-17)。调零允许误差为±1BPN。

④校核滑动长度。

a. 让摆处于自然下垂状态,松开固定把手,转动升降把手,使摆下降。与此同时,提起升柄使摆向左侧移动,然后放下举升柄使橡胶片下缘轻轻触地,紧靠橡胶片摆放滑动长度量尺,使量尺左端对准橡胶片下缘;再提起举升柄使摆向右侧移动,然后放下举升柄使橡胶片下缘轻轻触地,检查橡胶片,下缘应与滑动长度量尺的右端齐平。

b. 若齐平,则说明橡胶片两次触地的距离(滑动长度)符合126mm的规定。校核滑动长度时,应以橡胶片长边刚刚接触路面为准,不可借摆的力量向前滑动,以免标定的滑动长度与实际不符。

c. 若不齐平,升高或降低摆或仪器底座的高度。微调时用旋转仪器底座上的调平螺钉调整仪器底座高度的方法比较方便,但需注意保持水准气泡居中。

d. 重复上述动作,直至滑动长度符合126mm的规定(图6-18)。

图6-17 指针指零

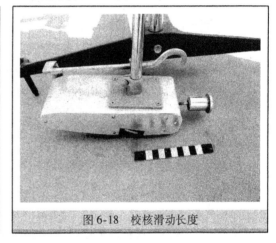

图6-18 校核滑动长度

 想一想

如果滑动长度大于或小于126mm,对检测结果会有什么影响?

⑤将摆固定在右侧悬臂上,使摆处于水平释放位置,并把指针拨至右端与摆杆平行处。

⑥用喷水壶浇洒测点,使路面处于湿润状态。

⑦按下释放开关,使摆在路面上滑过,当摆杆回落时,用手接住摆,指针即可指示出路面的摆值。但第一次测定,不做记录。然后使摆杆和指针重新置于水平释放位置,如图6-19所示。

⑧重复⑥和⑦的操作,测定5次,并读记每次测定的摆值(图6-20)。5次数值中最大

值与最小值的差值不得大于3。如差值大于3时,应检查产生的原因,并再次重复上述各项操作,至符合规定为止。取5次测定的平均值作为每个单点的路面抗滑值(即摆值),取整数。

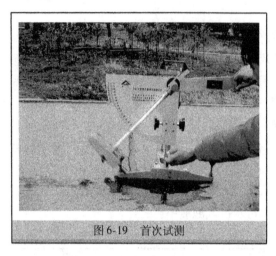
图6-19 首次试测

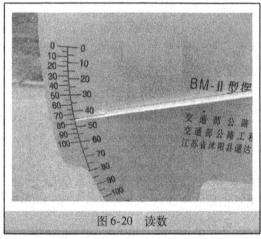
图6-20 读数

⑨在测点位置上用温度计测记潮湿路表温度,准确至1℃。

⑩每个测点由3个单点组成,即需按以上方法在同一测点处平行测定3次,以3次测定结果的平均值作为该测点的代表值(精确到1)。3个单点均应位于轮迹带上,单点间距3~5m。该测点的位置以中间单点的位置表示。

③ 抗滑值的温度修正

当路面温度为t(℃)时测得的摆值为BPN_t,必须按式(6-2)换算成标准温度20℃的摆值BPN_{20}。

$$BPN_{20} = BPN_t + \Delta BPN \tag{6-2}$$

式中:BPN_{20}——换算成标准温度20℃时的摆值;

BPN_t——路面温度t时测得的摆值;

ΔBPN——温度修正值,按表6-4采用。

温度修正值　　　　表6-4

温度t(℃)	0	5	10	15	20	25	30	35	40
温度修正值ΔBPN	-6	-4	-3	-1	0	+2	+3	+5	+7

④ 检验结果处理与评定

(1)列表(表6-5)逐点报告路面单点测定值BPN_t经温度修正后的BPN_{20}、现场温度、3次的平均值。

(2)评定路段路面抗滑值的平均值、标准差、变异系数。

路面摩擦系数检测记录表 表 6-5

工程名称:国道××段工程   施工单位:××公路工程公司   路面类型:中粒式沥青混凝土路面

测点位置	摆值 BPN$_t$						温度修正			结果	备注
	1	2	3	4	5	平均	路面温度 t (℃)	修正值 ΔBPN	抗滑值 BPN$_{20}$	平均抗滑值 BPN$_{20}$	
K0+390	46	46	45	47	46	46	25	+2	48	49	
	47	46	48	48	46	47	25	+2	49		
	47	48	46	46	47	47	25	+2	49		
K0+590	45	47	45	44	46	45	25	+2	47	48	
	48	47	47	46	46	47	25	+2	49		
	47	48	46	46	47	47	25	+2	49		
K0+790	47	47	45	46	46	46	25	+2	48	48	
	45	47	46	47	46	46	25	+2	48		
	48	47	46	47	46	47	25	+2	49		
测点数	3	规定值(BPN)	45	标准差	0.577	变异系数(%)	1.19	合格率(%)	100		

检测: 年 月 日   复核: 年 月 日

四 注意事项

（1）测点位置宜紧靠铺砂法测定构造深度的测点位置,并与其一一对应。

（2）当摆到达最高位置后下落时,应用左手将摆杆接住,防止仪器损坏。

（3）抗滑摆值测试完毕后应在测点位置上用路表温度计测记潮湿路面的温度,准确至1℃。

（4）摆式仪应加强日常保养,拧紧各紧固螺钉,以保证摆式仪结构处于紧凑稳固状态。

单元小结

（1）路面抗滑性能是指车辆轮胎受到制动时沿表面滑移所产生的力。影响抗滑性能的因素有路面表面特性、路面潮湿程度和行车速度。

（2）我国现行规范、规程规定:采用摆式摩擦系数测定仪测定BPN摆值和构造深度来综合反映路面抗滑性能。

①微观构造在低速时对路表抗滑性能起决定作用。在高速时主要起的作用是宏观构

造,它主要反映路面表面的排水性能,通常用构造深度表示。测定路面构造深度的方法有手工铺砂法、电动铺砂法及激光构造深度仪法。手工铺砂法的原理是将已知体积的砂摊铺在所要测试路表的测点上,计算嵌入凹凸不平的表面空隙中的砂的体积与覆盖面积的比值即为构造深度。

②摆式仪法的原理是:通过底部装有橡胶片的摆锤在洒水后的路面上摆动所受到的摩擦阻力来模拟车辆轮胎在雨天路面上行驶时受到的摩擦力。将底面装有一橡胶滑块的摆锤从一定高度自由下摆,滑块面同测试点表面接触,由于两者间的摩阻力作用而损耗部分能量,使摆锤只能回到一定高度,摆值越大说明回摆高度越小,则反映路表面的摩阻力越大。

自我检测

1. 简述路面抗滑性能、路面微观构造、路面宏观构造的概念。
2. 影响路面抗滑性能的因素有哪些?
3. 构造深度反映路面的什么特性?
4. 路面在潮湿状态下的抗滑能力用什么指标评定?
5. 摆式仪测定路面摆值与手工铺砂法测定路面构造深度两个试验中,测点如何选取?
6. 简述手工铺砂法测定路面构造深度的步骤及注意事项。
7. 简述用摆式仪测定路面抗滑摆值的测试步骤及注意事项。
8. 在手工铺砂法中,为什么向量筒中装砂时必须用小铲装,不可直接用量筒装砂?
9. 在摆式仪测定路面抗滑值试验中,橡胶片在测点路面的滑动长度如何影响测试结果?

单元 7

路基路面回弹弯沉检测

 学习目标

1. 能描述弯沉的概念及测定弯沉的意义;
2. 能采用贝克曼梁法测定路基路面回弹弯沉;
3. 能对回弹弯沉值进行修正;
4. 能根据回弹弯沉值评定路基路面承载能力。

 工作任务

各种路基路面施工结束后,应按照检验评定标准所规定的方法和检验频率实施弯沉检验。弯沉值的测定是通过在路基路面上施加一定荷载作用,检测荷载作用中心处的垂直变形值,从而检验路基路面的强度大小。

 教学建议

基于路基路面弯沉测定的工作过程,实现"理实一体化"的教学方法,结合贝克曼梁的现场演练,完成路基路面弯沉检测任务。

学习指南

在同一荷载作用下,路面弯沉值大,说明路面抵抗垂直变形能力小,即强度低;反之,路面的弯沉值小,说明路面抵抗垂直变形的能力大,即强度高。测定弯沉的方法有贝克曼梁法、自动弯沉仪法和落锤弯沉仪法等,其中贝克曼梁法是目前使用最多的方法,属于静态测定,优点是其测定原理直观、技术比较成熟,缺点是测定速度慢,人为因素影响较多。

本单元基于路基路面弯沉检测的工作方法,有以下任务。每个学生应沿着如下流程进行学习:

7.1 弯沉的概念、检测意义和方法

弯沉是反映路基路面整体承载能力的一个综合指标,国内外普遍采用回弹弯沉值来表示路基路面的承载能力。在同一荷载作用下,路面的弯沉值大,说明路面抵抗垂直变形能力小,即强度低;反之,路面的弯沉值小,说明路面抵抗垂直变形的能力大,即强度高。回弹弯沉值在我国已广泛使用且有很多试验和研究成果。目前,我国柔性路面设计方法采用的设计指标之一是路表回弹弯沉,并规定双轮轮隙中心处路面表面最大回弹弯沉 L_t 应不大于容许回弹弯沉值 L_R,即 $L_t \leq L_R$。同时,回弹弯沉值不仅用于新建路面结构的设计(设计弯沉值)和施工控制与验收(竣工验收弯沉值),也用于旧路补强设计。

一 关于弯沉值的几个基本概念

1 弯沉

弯沉值是指在规定的标准轴载作用下,路基路面表面轮隙中心处产生的总垂直变形(总弯沉),或垂直变形回弹量(回弹弯沉),以 0.01mm 为单位。总弯沉值与回弹弯沉值之差称为残余弯沉。一般总弯沉比回弹弯沉大,表明路面除了产生弹性变形外,还产生塑性变形。若总弯沉等于回弹弯沉,表明路面是完全弹性体。路面弯沉示意图见图 7-1。

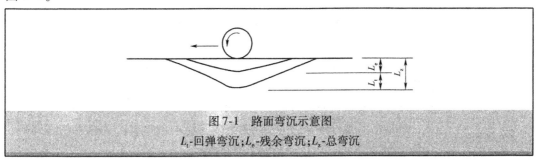

图 7-1 路面弯沉示意图
L_1-回弹弯沉;L_e-残余弯沉;L_z-总弯沉

② 设计弯沉值

设计弯沉值是指根据设计年限内一个车道上预测通过的累计当量轴次(N_e)、公路等级(A_c)、面层类型系数(A_s)和基层类型系数(A_b)而确定的路面弯沉设计值(L_d)。

$$L_d = 600 N_e^{-0.2} A_c A_b A_s$$

③ 竣工验收弯沉值

竣工验收弯沉值是检验路面是否达到设计要求的指标之一。当路面厚度计算以设计弯沉值为控制指标时,则验收弯沉值小于或等于设计弯沉值;当厚度计算以层底拉应力为控制指标时,应根据拉应力计算所得的结构厚度,重新计算路面弯沉值,该弯沉值即为竣工验收弯沉值。

二 弯沉测量的目的

弯沉测量的目的:一是利用弯沉仪量测路面表面在标准轴载作用下的轮隙回弹弯沉值,用作评定路面强度的指标;二是通过对路面结构分层测定所得的回弹弯沉值,根据弹性体系垂直位移理论,反算路面各结构层的材料回弹模量值。

三 弯沉的测定方法

弯沉值的测试方法较多,目前用得最多的是贝克曼梁法,在我国已有成熟的经验,为了提高测量精度和解决弯沉测定时支座位移的问题,前苏联、瑞士、法国研制了光学弯沉仪,它的特点是把测点与读数装置分开,消除了支座位移的影响。另外,为了提高测试速度,各国都对快速连续或动态测定进行了研究,并发明了许多新的检测仪器,主要代表有法国洛克鲁瓦式自动弯沉仪、丹麦的落锤式弯沉仪以及美国的振动弯沉仪等。现将常用的几种方法各自的特点作简单的比较,见表7-1。

几种弯沉测试方法比较　　　　　　　　　　　　　　表7-1

方　法	特　点
贝克曼梁法	传统方法,速度慢,静态测试,比较成熟,目前属于标准方法
自动弯沉仪法	利用贝克曼梁原理快速连续测试,属于静态测试范畴,但测定的是总弯沉,因此使用时应用贝克曼梁进行标定换算
落锤式弯沉仪法	利用重锤自由落下的瞬间产生的冲击荷载测定弯沉,属于动态弯沉,并能反算路面的回弹模量,快速连续,使用时应用贝克曼梁法进行标定换算

7.2 贝克曼梁测定路基路面回弹弯沉

一 任务描述

弯沉值不仅能反映路面的强度,同时也能在某种程度上表示路面的耐久性。实践表明,路面的某些破坏现象同弯沉值有着直接联系,通常以回弹弯沉的大小来评定路面的好坏。另外,在施工过程中,如果将弯沉值控制在一定范围内,就可以避免路面产生某些破坏,从而延长路面的使用寿命。因此,在公路施工与养护过程中,弯沉值也是一项主要的控制指标。现有××新建高速公路路面,欲对其采用贝克曼梁法测定其回弹弯沉。

二 任务分析

为了完成回弹弯沉的测试,可以把弯沉仪测头置于测试车后轮轮隙中心前方3~5cm处,安装百分表于弯沉仪的测定杆上。当车轮正好通过测点时,路面在车轮荷载作用下产生垂直变形,百分表达到最大读数,随着汽车继续前进,表针回转。当车轮荷载卸除后,路面向上回弹结束,百分表达到终读数,其回弹变形值便为回弹弯沉值。路面弯沉测量示意图见图7-2。

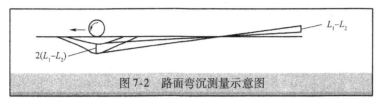

图7-2 路面弯沉测量示意图

贝克曼梁法适用于测定各类路基路面的回弹弯沉,以评定其整体承载能力,可供路面结构设计使用。

本方法按现行《公路路基路面现场测试规程》(JTG E60—2008)执行。

三 任务实施

1 仪具与材料

(1)标准车:双轴、后轴双侧4轮的载货车。其标准轴荷载、轮胎尺寸、轮胎间隙及轮胎气压等主要参数应符合表7-2的要求。测试车应采用后轴10t标准轴载BZZ—100汽车,如图7-3所示。

弯沉测定用的标准车参数　　　　表7-2

标准轴载等级	BZZ—100	轮胎充气压力(MPa)	0.70 ± 0.05
后轴标准轴载P(kN)	100 ± 1	单轮传压面当量圆直径(cm)	21.30 ± 0.5
一侧双轮荷载(kN)	50 ± 0.5	轮隙宽度	应满足能自由插入弯沉仪测头的测试要求

(2)路面弯沉仪:由贝克曼梁、百分表及表架组成,如图7-4、图7-5所示。

图7-3 弯沉测试车

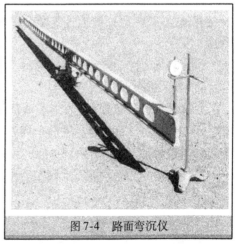

图7-4 路面弯沉仪

贝克曼梁由合金铝制成,上有水准泡,其前臂(接触路面)与后臂(装百分表)长度比为2∶1。弯沉仪长度有两种:一种长3.6m,前后臂分别为2.4m和1.2m;另一种加长的弯沉仪长 5.4m,前后臂分别为 3.6m 和 1.8m。当在半刚性基层沥青路面或水泥混凝土路面上测定时,应采用长度为 5.4m 的贝克曼梁弯沉仪;对柔性基层或混合式结构沥青路面可采用长度为 3.6m 的贝克曼梁弯沉仪测定。弯沉采用百分表量得,也可用自动记录装置进行测量。

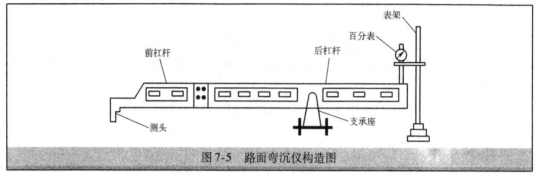

图 7-5　路面弯沉仪构造图

(3)接触式路表温度计:端部为平头,分度不大于 1℃。
(4)其他:皮尺、口哨、白油漆或粉笔、指挥旗等。

2 方法与步骤

(1)准备工作
①检查并保持测定用标准车的车况及制动性能良好、轮胎胎压符合规定充气压力。
②向汽车车槽中装载(铁块或集料),并用地中衡称量后轴总质量及单侧轮荷载,均应符合轴重规定,汽车行驶及测定过程中,轴重不得变化。
③测定轮胎接地面积:在平整光滑的硬质路面上用千斤顶将汽车后轴顶起,在轮胎下方铺一张新的复写纸和一张方格纸,轻轻落下千斤顶,即在方格纸上印上轮胎印痕,用求积仪或数方格的方法测算轮胎接地面积,准确至 $0.1 cm^2$。
④检验弯沉仪百分表量测灵敏情况。
⑤当在沥青路面上测定时,用路表温度计测定试验时的气温及路表温度(一天中气温不断变化,应随时测定),并通过气象台了解前 5d 的平均气温(日最高气温与最低气温的平均值)。
⑥记录沥青路面修建或改建材料、结构、厚度、施工及养护等情况。

(2)测试步骤
①在测试路段布置测点,其距离随测试需要而定。每一双车道评定路段每公里检查 80~100 个点,多车道公路必须按车道数与双车道之比,相应增加测点。测点应在路面行车车道的轮迹带上,并用白漆或粉笔画上标记。
②将试验车后轮轮隙对准测点后约 3~5cm 处的位置上。

 想一想

为什么后轮轮隙要对准测点后约 3~5cm 处的位置呢?

③将弯沉仪插入汽车后轮之间的缝隙处,与汽车方向一致,梁臂不得碰到轮胎,弯沉仪测头置于测点上(轮隙中心前方 3～5cm 处),见图 7-6。安装百分表于弯沉仪的测定杆上,百分表调零,用手指轻轻扣打弯沉仪,检查百分表是否稳定回零(图 7-7)。

弯沉仪可以是单侧测定,也可以是双侧同时测定。

图 7-6 弯沉仪置于测点上

图 7-7 检查百分表

④测定者吹哨发令,指挥汽车缓缓前进,百分表随路面变形的增加而持续向前转动。当表针转动到最大值时,迅速读取初读数 L_1。汽车仍在继续前进,表针反向回转,待汽车驶出弯沉影响半径(约 3m 以上)后,吹口哨或挥动指挥旗,汽车停止。待表针回转稳定后,再次读取终读数 L_2。汽车前进的速度宜为 5km/h 左右。贝克曼梁测定路面回弹弯沉如图 7-8 所示。

(3)弯沉仪的支点变形修正

①当采用长度为 3.6m 的弯沉仪进行弯沉测定时,有可能引起弯沉仪支座处变形,在测定时应检验支点有无变形。如有变形,此时应用另一台检验用的弯沉仪安装在测定用

图 7-8 贝克曼梁测定路面回弹弯沉

弯沉仪后方,其测点架于测定用弯沉仪的支点旁。当汽车开出时,同时测定两台弯沉仪的弯沉读数,如检验弯沉仪百分表有读数,即应该记录并进行支点变形修正。当在同一结构层测定时,可在不同位置测定 5 次,求取平均值,以后每次测定时以此作为修正值。支点变形修正的原理如图 7-9 所示。

②当采用长度为 5.4m 的弯沉仪测定时,可不进行支点变形修正。

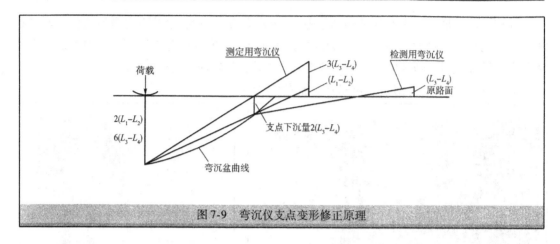

图7-9 弯沉仪支点变形修正原理

3 结果计算及温度修正

(1)路面测点的回弹弯沉值按式(7-1)计算。

$$l_t = (L_1 - L_2) \times 2 \tag{7-1}$$

式中：l_t——在路面温度 t 时的回弹弯沉值(0.01mm)；

L_1——车轮中心临近弯沉仪测头时百分表的最大读数(0.01mm)；

L_2——汽车驶出弯沉影响半径后百分表的终读数(0.01mm)。

(2)当需进行弯沉仪支点变形修正时，路面测点的回弹弯沉值按式(7-2)计算(适用于测定用弯沉仪支座处有变形，但百分表架处路面无变形的情况)。

$$l_t = (L_1 - L_2) \times 2 + (L_3 - L_4) \times 6 \tag{7-2}$$

式中：L_1——车轮中心临近弯沉仪测头时测定弯沉仪的最大读数(0.01mm)；

L_2——汽车驶出弯沉影响半径后测定用弯沉仪的最终读数(0.01mm)；

L_3——车轮中心临近弯沉仪测头时检测用弯沉仪的最大读数(0.01mm)；

L_4——汽车驶出弯沉影响半径后检验用弯沉仪的最终读数(0.01mm)。

(3)回弹弯沉值的温度修正。对于沥青路面，路表温度对弯沉值有明显影响，测试时以沥青面层平均温度20℃时为准。在其他温度时，当温度高于20℃，沥青面层强度和刚度降低，弯沉值会增大；相反当温度小于20℃时，沥青面层强度和刚度增大，弯沉值会减小。所以，对于路表温度不在20℃±2℃，且厚度大于5cm 的情况，其测试结果要相应地乘以一个系数，即温度修正系数 K。温度修正及回弹弯沉的计算按下列步骤进行。

 **想一想**

水泥混凝土路面和半刚性基层材料要进行温度修正吗？

①测定时的沥青层平均温度按式(7-3)计算。

$$t = (t_{25} + t_m + t_e)/3 \tag{7-3}$$

式中：t——测定时沥青层平均温度(℃)；

t_{25}——根据 t_0 由图 7-10 决定的路表下 25mm 处的温度(℃)；

t_m——根据 t_0 由图 7-10 决定的沥青层中间深度的温度(℃)；

t_e——根据 t_0 由图 7-10 决定的沥青层底面处的温度(℃)。

图 7-10 中，t_0 为测定时路表温度与测定前 5d 日平均气温的平均值之和(℃)，日平均气温为日最高气温与最低气温的平均值。

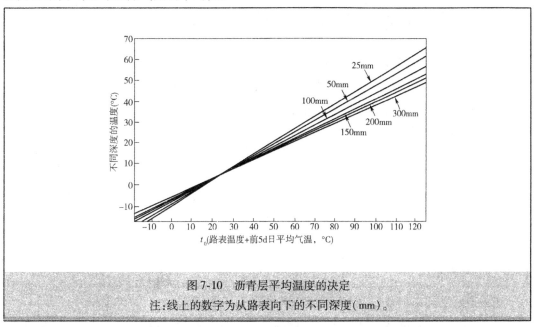

图 7-10 沥青层平均温度的决定

注：线上的数字为从路表向下的不同深度(mm)。

②根据沥青层平均温度 t 及沥青层厚度，分别由图 7-11 及图 7-12 求取采用不同基层的沥青路面弯沉值的温度修正系数 K。

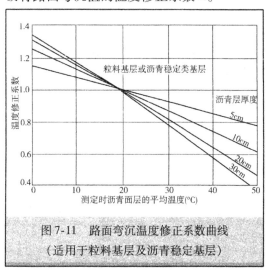

图 7-11 路面弯沉温度修正系数曲线
（适用于粒料基层及沥青稳定基层）

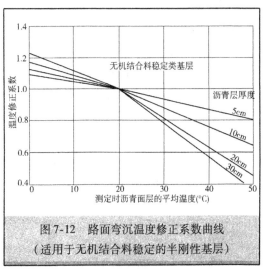

图 7-12 路面弯沉温度修正系数曲线
（适用于无机结合料稳定的半刚性基层）

③沥青路面回弹弯沉按式(7-4)计算。

$$l_{20} = l_t \times K \tag{7-4}$$

式中:K——温度修正系数;

l_{20}——换算为20℃的沥青路面回弹弯沉值(0.01mm);

l_t——测定时沥青面层内平均温度为t时的回弹弯沉值(0.01mm)。

④ 根据评定路段弯沉值评定路基路面承载力

(1)每一评定路段弯沉代表值为弯沉测量值的上波动界限,按式(7-5)计算。

$$l_r = \bar{l} + Z_\alpha \cdot S \tag{7-5}$$

式中:l_r——一个评定路段的代表弯沉(0.01mm);

$\bar{l}$——一个评定路段内经各项修正后的各测点弯沉的平均值(0.01mm);

S——一个评定路段内经各项修正后全部测点弯沉的标准差(0.01mm);

Z_α——与保证率有关的系数,见表7-3。

Z_α 值　　　　　　　　　　　　　表7-3

层　位	Z_α	
	高速公路、一级公路	二、三级公路
沥青路面	1.645	1.5
路基	2.0	1.645

(2)当路基和柔性基层、底基层的弯沉代表值不符合要求时,应将超出$\bar{l} \pm (2\sim 3)S$的弯沉特异值舍弃,重新计算平均值和标准差。对舍弃的弯沉值大于$\bar{l} \pm (2\sim 3)S$的点,应找出其周围界限,进行局部处理。若用两台弯沉仪同时进行左右轮弯沉值测定时,应按两个独立测点计,不能采用左右两点的平均值。若在非不利季节测定时,应考虑季节影响系数。

(3)对于每一评定路段,要求弯沉代表值小于或等于弯沉设计值,弯沉设计值由设计文件提供。若弯沉代表值小于或等于弯沉设计值,则该路段此项内容评定合格;若弯沉代表值大于弯沉设计值,则该路段弯沉不合格,需采取措施对路面进行补强。

⑤ 检测结果

(1)计算每一评定路段各测点弯沉的平均值、标准差及代表弯沉。

(2)弯沉检测记录表见表7-4。

贝克曼梁测定回弹弯沉检测记录表　　　　　　　　表7-4

工程名称	××高速公路		
检测日期	2008.11.09	检测依据	《公路路基路面现场测试规程》(JTG E60—2008)
路段桩号	K3+310~K3+590	后轴重	100kN	舍弃系数	
结构层类型	沥青混凝土面层厚15cm,基层为二灰碎石	轮胎压强	0.7MPa

续上表

测试车车型	东风BZZ—100		弯沉仪类型	5.4m 弯沉仪		保证率系数		1.645
幅别	右幅		设计弯沉	35(0.01mm)		前5d 平均气温		23.2 ℃
测点桩号	路表温度(℃)	温度修正系数	左车轮			右车轮		
			初读数 0.01mm	终读数 0.01mm	弯沉(0.01mm)	初读数 0.01mm	终读数 0.01mm	弯沉(0.01mm)
					修正前 / 修正后			修正前 / 修正后
K3+310	25	1.02	27	12	30 / 30.6	57	41	32 / 32.6
K3+330	25	1.02	24	10	28 / 28.6	37	25	24 / 24.5
K3+350	25	1.02	29	13	32 / 32.6	38	24	28 / 28.6
K3+370	25	1.02	29	15	28 / 28.6	46	31	30 / 30.6
K3+390	25	1.02	35	18	34 / 34.7	52	39	26 / 26.5
K3+410	25	1.02	23	8	30 / 30.6	65	50	30 / 30.6
K3+430	25	1.02	30	14	32 / 32.6	47	33	28 / 28.6
K3+450	25	1.02	32	20	24 / 24.5	53	37	32 / 32.6
K3+470	25	1.02	37	22	30 / 30.6	68	51	34 / 34.7
K3+490	25	1.02	29	16	26 / 26.5	29	13	28 / 28.6
K3+510	25	1.02	35	21	28 / 28.6	95	79	32 / 32.6
K3+530	25	1.02	52	40	24 / 24.5	87	73	28 / 28.6
K3+550	25	1.02	46	33	26 / 26.5	94	79	30 / 30.6
K3+570	25	1.02	65	51	28 / 28.6	67	52	30 / 30.6
K3+590	25	1.02	58	42	32 / 33.6	89	75	28 / 28.6
测点数	30	平均值(0.01mm)		29.7	标准差(0.01mm)	2.85	代表弯沉值(0.01mm)	34.4
结论:经计算,代表弯沉值 $l_r = 34.4(0.01mm)$ 小于设计弯沉 $l_d = 35(0.01mm)$,即 $l_r < l_d$,所以该路段的弯沉值满足要求。									
备注:									

检测:　　　　　　　　年　月　日　　复核:　　　　　　　　年　月　日

四　注意事项

(1)检测车辆轴载、轮胎接地面积、轮胎间隙及轮胎气压应符合规范要求。测试车车况及制动性能应良好,百分表应灵敏。

(2)梁臂不得碰到轮胎。

(3)测点应在轮隙中心前方 3~5cm 处,测试前应轻轻叩打弯沉仪,检查百分表是否稳定回零。

(4)终读数应在车辆驶出弯沉影响半径后再读数。

(5)在测试过程中应随时测记路表温度,当路表温度不在规定范围内时,对厚度大于5cm 的沥青路面应进行温度修正。

单元小结

（1）弯沉是反映路基路面整体抗压强度的一个综合指标，国内外普遍采用回弹弯沉值来表示路基路面的承载能力。在同一荷载作用下，路面的弯沉值大，说明路面抵抗垂直变形的能力小，即强度低；反之，路面的弯沉值小，说明路面抵抗垂直变形的能力大，即强度高。

（2）区别总弯沉、回弹弯沉、设计弯沉等概念，对几种弯沉测试方法进行了比较。

（3）弯沉值的测试方法有贝克曼梁法、自动弯沉仪法以及落锤式弯沉仪法等。

（4）贝克曼梁法适用于测定各类路基路面的回弹弯沉，以评定其整体承载能力，可供路面结构设计使用。贝克曼梁测定路基路面回弹弯沉的步骤如下：

①任务引导、任务分析；

②仪具与材料；

③测试步骤：准备工作、测试步骤、弯沉仪的支点变形修正；

④结果计算及温度修正：测点的回弹弯沉值计算、支点变形修正、回弹弯沉值的温度修正；

⑤评定路段弯沉值的评定；

⑥工程案例示意。

 自我检测

1．测试路基路面弯沉值常用的方法有哪几种？各测试方法有何特点？

2．试述贝克曼梁法测定路基路面弯沉的主要过程及注意事项。

3．在什么情况下应对弯沉检测值进行修正？

单元 8

沥青路面渗水系数检测

 学习目标

1. 能描述渗水系数检测的概念及意义;
2. 能采用渗水仪测定沥青路面渗水系数。

 工作任务

沥青路面施工结束后,应按照施工技术规范或检验评定标准所规定的检验频率实施渗水系数检验,用渗水仪测定路面一定面积上渗透至路面下层的水量。

 教学建议

基于沥青路面渗水系数检测的工作过程,实现"理实一体化"的教学方法,结合渗水仪的现场演练,完成渗水检测任务。

> **学习指南**

渗水性能的好坏将对沥青路面水稳定性和透水性产生影响。路面越粗糙,孔隙越大,路面上的水往下层渗出的水量就越多、越快,说明渗水性能越差。渗水仪测定方法原理简单,直观明了,但对操作人员的操作技能和操作经验要求较高。

本单元基于沥青路面渗水系数检测的工作方法,分解为以下任务。每个学生应沿着如下流程进行学习:

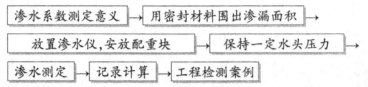

沥青路面必须具有良好的防渗水性,自然界中雨雪等会通过路面孔隙或裂缝渗入沥青路面结构中,导致基层软化、沥青面层开裂、松散等病害,降低路面的耐久性。沥青路面渗水性能是反映路面沥青混合料级配组成的一个间接指标,也是沥青路面水稳定性的一个重要指标。在多雨地区,应特别重视路面结构层的水稳定性和面层的透水性问题。

沥青路面渗水性能通常用渗水系数表征,路面渗水系数是指在规定的水头压力下,水在单位时间内通过一定面积的路面渗入下层的数量,单位为 mL/min。

一、任务描述

现有某在建沥青混凝土路面上面层 K2+300~K3+300 段,要求按照《公路沥青路面施工技术规范》(JTG F40—2004)检测频率测定其渗水性能。

二、任务分析

在沥青路面某测点上,用密封材料围成一个圆形面积,使水以一定的水头压力从该面积上往下渗出,测量单位时间内渗入路面下层的水量,渗水越大越快,表示渗水性能越差。

本方法按《公路路基路面现场测试规程》(JTG E60—2008)执行。

三、任务实施

① 仪具与材料

(1)路面渗水仪:路面渗水仪由盛水筒、支架、底座、细管和压重铁圈组成,其形式如图 8-1、图 8-2 所示。上部盛水量筒为透明有机玻璃制成,容积 600mL,上有刻度,在 100mL 和 500mL 处有粗标线,下方通过 φ10mm 的细管与底座相连,中间有一开关(阀门)。量筒通过支架连接,底座下方开口内径 ϕ150mm,外径 ϕ220mm。仪器附不锈钢圈压重 2 个,每个质量约 5kg,内径 160mm。

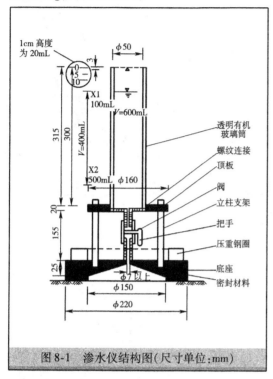

图 8-1 渗水仪结构图(尺寸单位:mm)

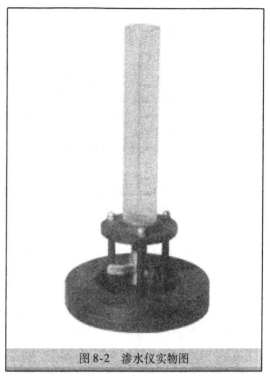

图 8-2 渗水仪实物图

(2)水桶及大漏斗。
(3)秒表。
(4)密封材料:防水腻子、油灰或橡皮泥。
(5)其他:水、粉笔、塑料圈、刮刀、扫帚等。

2 方法与步骤

(1)准备工作

①对测试路段按"公路路基路面现场测试随机选点方法",决定测点所在横断面的位置,每一个检测路段应测定五个测点,并用粉笔做出标记。

②用扫帚清扫表面,并用刷子将路面表面的杂物刷去。杂物的存在一方面会影响水的渗入;另一方面也会影响渗水仪和路面或者试件的密封效果。

(2)测试步骤

①将塑料圈置于试件中央或者路面表面的测点上,用粉笔分别沿塑料圈的内侧和外侧画上圈,见图 8-3,在外环和内环之间的部分就是需要用密封材料进行密封的区域。

②用密封材料对环状密封区域进行密封处理,注意不要使密封材料进入内圈。如果密封材料不小心进入内圈,必须用刮刀将其刮走;然后再将搓成拇指粗细的条状密封材料摞在环状密封区域的中央,并且摞成一圈,见图 8-4。

图 8-3　用粉笔画密封区域

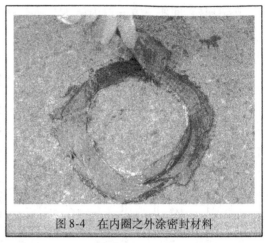
图 8-4　在内圈之外涂密封材料

③将渗水仪放在试件或者路面表面的测点上(图 8-5),注意使渗水仪的中心尽量和圆环中心重合,然后略微使劲将渗水仪压在条状密封材料表面,再将配重加上(图 8-6),以防压力水从底座与路面间流出。

图 8-5　将渗水仪放在测点上

图 8-6　加上配重块

④将开关关闭,向量筒中注满水,然后打开开关,使量筒中的水流出,使渗水仪底部内的空气排出,当量筒中水面下降速度变慢时用双手轻压渗水仪,使渗水仪底部的气泡全部排出。关闭开关,并再次向量筒中注满水。

⑤将开关打开,待水面下降至 100mL 刻度时,立即开动秒表开始计时,每间隔 60s,读记仪器管的刻度一次,至水面下降 500mL 时为止。测试过程中,若水从底座与密封材料间渗出,说明底座与路面密封不好,应移至附近干燥路面处重新操作。若水面下降速度较慢,则测定 3min 的渗水量即可停止;如果水面下降速度较快,在不到 3min 的时间内到达了 500mL 刻度线,则记录到达 500mL 刻度线时的时间;若水面下降至一定程度后基本保持不动,说明基本不透水或根本不透水,在报告中注明。

⑥按以上步骤在同一个检测路段测定 5 个测点的渗水系数,取其平均值,作为检测结果。

3 结果计算

沥青路面的渗水系数按下式计算。计算时以水面从 100mL 下降至 500mL 所需要的时间为标准,若渗水时间过长,亦可采用 3min 通过的水量计算。

$$C_W = \frac{V_2 - V_1}{t_2 - t_1} \times 60$$

式中:C_W——路面渗水系数(mL/min);

V_1——第一次读数时的水量(mL),通常为 100mL;

V_2——第二次读数时的水量(mL),通常为 500mL;

t_1——第一次读数时的时间(s);

t_2——第二次读数时的时间(s)。

4 检测结果

(1)现场检测,每一个检测路段应测定 5 个测点,计算其平均值作为检测结果。若路面不透水,则在报告中注明为 0。

(2)其现场检测数据记录格式如表 8-1 所示。

沥青路面渗水试验记录表　　　　表 8-1

施工单位		××工程公司		工程部位			沥青混凝土路面上面层	
现场桩号		K2+300~K3+300		试样描述			平整、无杂物	
测点编号	桩号	距路边缘距离(m)	外观描述	渗水情况读数(mL)			渗水系数(mL/min)	平均值(mL/min)
				30s 末	1min 末	2min 末	3min 末		
1	K2+480	6.47		123	165	195	213	37.7	
2	K2+800	9.29		118	130	158	187	29.0	
3	K3+000	0.73		136	157	202	241	47.0	40.0
4	K3+140	1.66		124	160	203	234	44.7	
5	K3+300	4.94		135	162	216	255	51.7	
备注:									
结论:该段落渗水系数为 40.0mL/min。									

四 注意事项

(1)用密封材料对环状密封区域进行密封处理时,注意不要使密封材料进入内圈。如果密封材料不小心进入内圈,必须用刮刀将其刮走。

(2)密封材料不能涂抹太厚,太厚会使底座容积增加,会使初读数超过100mL。此时的初读数应以填满底座后水从排气孔溢出时关上排气孔时的刻度为准。

 单元小结

(1)沥青路面渗水性能是反映路面沥青混合料级配组成的一个间接指标,也是沥青路面水稳定性的一个重要指标。在多雨地区,应特别重视路面结构层的水稳定性和面层的透水性问题。

(2)沥青路面渗水性能通常用渗水系数表征,路面渗水系数是指在规定的水头压力下,水在单位时间内通过一定面积的路面渗入下层的数量,单位为mL/min。

(3)沥青渗水性能测定采用渗水仪,其测定步骤为:

①用密封材料围出渗漏面积;

②放置渗水仪,安放配重块;

③保持一定水头压力;

④渗水测定;

⑤记录计算;

⑥工程检测案例。

 自我检测

1. 简述路面渗水性能的概念及其测定意义。

2. 简述路面渗水仪测定沥青路面渗水系数的试验步骤。

单元 9

水泥混凝土质量检测

 学习目标

1. 了解混凝土测强技术;
2. 了解无损检测法和半破损法检测混凝土强度的特点和意义;
3. 描述回弹法检测混凝土抗压强度的原理;
4. 能采用回弹法测定混凝土抗压强度;
5. 能采用钻芯法检测混凝土抗压强度。

 工作任务

当对混凝土试件的代表性有怀疑或需要确定混凝土工程的强度时,必须直接在混凝土结构物上运用无损检测法或半破损法测定混凝土的实际强度。

 教学建议

基于水泥混凝土质量检测的工作过程,实现"理实一体化"的教学方法,结合现场演练,完成混凝土结构的强度检测任务。

学习指南

混凝土的测强技术按其对混凝土结构的影响程度分为部分破损法和无损检测法。

回弹法是无损检测法中的典型代表,通过事先建立混凝土强度与某些物理量(比如回弹值)之间的相关关系,从而利用回弹值换算混凝土强度。回弹法仪器简单、操作方便、费用低廉,适合于大范围检测,条件是建立的测强关系曲线准确、实用。

钻芯取样法测定水泥混凝土强度是利用专用钻机从结构混凝土中钻取芯样,通过室内芯样加工和试压得到混凝土的抗压强度,作为评定结构混凝土强度的主要指标。钻芯法优点是能够直接测得构件混凝土强度,缺点是钻芯法对构件造成损伤,且取芯和芯样加工费时费力,因此应尽量避免采用钻芯法检测构件抗压强度。

本单元基于水泥混凝土质量检测的工作方法,分解为两个任务。每个学生应沿着如下流程进行学习:

9.1 混凝土测强技术

混凝土是交通工程中主要的建筑材料之一。混凝土的质量将直接影响工程实体的质量。所以,加强对混凝土质量的检测和控制显得尤为重要。作为结构工程质量检测,其中主要的内容之一就是现场检测混凝土的强度。

混凝土的测强技术按其对混凝土结构的影响程度分为无损检测法和部分破损法。

一 无损检测法

无损检测法以混凝土强度与某些物理量之间的相关性为基础,检测时在不影响结构或构件混凝土任何性能的前提下测试这些物理量,然后根据相关关系推算被测混凝土的强度推定值。其主要方法有:回弹法、超声法、超声回弹综合法、射线法、成熟度法等。此类方法所用仪器简单、操作方便、费用低廉,同时便于大范围检测,在有严格的测强曲线的条件下,其测试精度较高。

当对混凝土试件的代表性有怀疑或需要确定混凝土工程的强度时,必须直接在混凝土结构物上运用无损检测法测定混凝土的实际强度,有以下几种情况需要采用无破损测强技术:

(1)由于施工控制不严或施工过程中某种意外事故可能影响混凝土的质量,以及发现预留试块的取样、制作、养护、强度试验不符合有关技术规程或标准规定条款,怀疑预留试件强度不能代表结构混凝土的实际强度时,应采用无损检测方法检测和推定混凝土强度作为结构混凝土合格性评定及验收的依据。

(2)当需要了解混凝土在施工期间的强度增长情况,以满足结构或构件的拆模、出养护池、出厂、吊装、预应力筋的张拉或放张,以及施工期间负荷对混凝土强度的要求时,可运用无损检测方法连续检测结构混凝土强度的发展,以便及时调整施工进程。在确保质量的前提下加快施工进度,加快场地周转,降低能耗。同时,也可以用无损测强作为施工过程中质量监控的重要手段,以便迅速反馈给下一道工序,及时调整工艺参数。

(3)对已建成结构需要进行维修、加层、拆除等决策时,或受灾害性因素影响时,可采用无损检测方法对原有混凝土进行强度推定,以便提供改建、加固设计时的基本强度参数和其他设计依据。

本教材仅介绍回弹法。回弹法在我国使用已五十余年,随着检测技术的不断成熟,已得到越来越广泛的应用,这不仅是因为回弹法简便、灵活、符合国情,更是由于我国已成功解决了回弹法使用精度不高和不能普遍推广的关键问题。

二 部分破损法

部分破损法以不影响结构或构件的承载能力为前提,在结构或构件上直接进行局部破坏性试验,或直接钻取芯样进行破坏性试验。主要方法有:钻芯法、拔出法、射击法等。此类方法较直观可靠,测试结果易为人们接受,但对混凝土结构造成局部破坏,不宜大范围检测,且费用较高,因而受到种种限制。

钻芯法是利用专用钻机,从混凝土结构中钻取芯样以检测混凝土强度或观察混凝土内部质量的一种方法。钻芯法检测混凝土强度有直观准确的优点,但其缺点是对构件的损伤较大,除非其他检测方法存在较大差异时,一般应较少使用。

9.2 回弹法测定水泥混凝土抗压强度

一 任务描述

某 K292+450 跨线桥 3 号板梁浇筑时采用泵送混凝土,设计混凝土强度等级为 C30,自然养护,龄期为 40d,其试件的 28d 抗压强度达不到要求,经分析,板梁混凝土浇筑、养护情况正常,怀疑是预留试件强度不能代表结构混凝土的实际强度,现决定采用回弹法检测板梁抗压强度。

二 任务分析

回弹法是用一弹簧驱动的重锤,通过弹击杆弹击混凝土表面,并测出重锤被反弹回来的距离,以回弹值作为与强度相关的指标来推定混凝土强度的一种方法。由于测量是在混凝土表面进行,所以属于表面硬度法的一种。

完成回弹法任务,首先要对回弹仪进行率定;其次是做好选择构件、布置测区等准备工作,并按仪器说明书和规范所列步骤实施回弹值的测定;最后进行结果计算,通过对测区回弹值平均值的计算及修正,计算测区混凝土强度换算值,从而确定结构或构件的混凝土强度推定值。

本方法按《回弹法检测混凝土抗压强度技术规程》(JGJ T23—2011)执行。

三 任务实施

1 主要测试仪器设备

(1)回弹仪:指针只读式的回弹仪,构造和主要零件见图 9-1,也可采用数字显示仪或自动记录式的回弹仪。回弹仪的类型比较多,有重型、中型、轻型和特轻型,一般工程使用最多的是中型回弹仪。

①回弹仪的技术要求。

a. 水平弹击时,弹击锤脱钩的瞬间,回弹仪的标准能量应为 2.207J;

b. 弹击锤与弹击杆碰撞的瞬间,弹击拉簧应处于自由状态,此时弹击锤起跳点应相应于指针指示刻度尺上"0"处;

c. 在洛氏硬度 HRC 为 60±2 的钢砧上,回弹仪的率定值应为 80±2;

d. 回弹仪使用时的环境温度应为 −4~40℃。

②回弹仪的检定。

回弹仪有下列情况之一时应送检定单位检定:

a. 新回弹仪启用前;

b. 超过检定有效期限(有效期为半年);

c. 累计弹击次数超过 6 000 次;

d. 经常规保养后钢砧率定值不合格;

e. 遭受严重撞击或其他损害。

③回弹仪的率定。

在工程检测前后,回弹仪应在钢砧上做率定试验使其符合技术要求。

回弹仪率定试验宜在干燥、室温为 5~35℃ 的条件下进行。率定时,钢砧应稳固地平放在刚度大的物体上。测定回弹值时,取连续向下弹击三次的稳定回弹平均值(图 9-2),弹击杆应分四次旋转,每次旋转宜为 90°,弹击杆每旋转一次的率定平均值均应符合 80±2 的要求。

④回弹仪的常规保养。

回弹仪有下列情况之一时,应进行常规保养:

a. 弹击超过 2 000 次;

b. 对检测值有怀疑时;

c. 在钢砧上的率定值不合格。

回弹仪常规保养可以按仪器说明书进行,也可参照《回弹法检测混凝土抗压强度技术规程》(JGJ T23—2001)保养。

(2)碳化深度测深尺。

(3)酚酞酒精溶液,浓度为 1%。

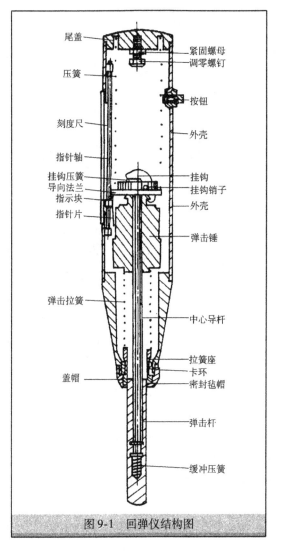

图 9-1 回弹仪结构图

(4)钢砧,见图9-2。

(5)手提式砂轮。

(6)其他:卷尺、钢尺、凿子、锤、毛刷等。

2 检测方法

(1)资料准备

需进行无损检测法测试的结构或构件,在检测前,应具备下列有关资料:

①工程名称及设计、施工、监理(或监督)和建设单位名称;

②结构或构件名称、外形尺寸、数量及混凝土强度等级;

③水泥品种、强度等级、安定性、出厂厂名;砂、石种类、粒径;外加剂或掺和料品种、掺量;混凝土配合比等;

④施工时材料计量情况,模板、浇筑、养护情况及成型日期等;

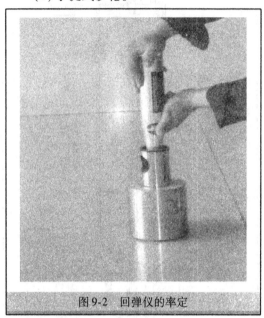

图9-2 回弹仪的率定

⑤必要的设计图纸和施工记录;

⑥检测原因。

(2)结构或构件检测数量的确定

①单个检测:适用于单个结构或构件的检测;

②批量检测:适用于在相同的生产工艺条件下,混凝土强度等级相同,原材料、配合比、成型工艺、养护条件基本一致且龄期相近的同类结构或构件的检测。按批进行检测的构件,抽检数量不得少于同批构件总数的30%,且构件数量不得少于10件。抽检构件时,应随机抽取并使所选构件具有代表性。

(3)选择测区

检测结构或构件时,需要布置测区,因为测区是进行测试的单元。每一结构或构件的测区应符合下列规定:

①每一结构或构件的测区数不应少于10个,对某一方向尺寸小于4.5m,且另一方向尺寸小于0.3m的构件,其测区数量可适当减少,但不应少于5个。

②相邻两测区的间距应控制在2m以内;测区离构件端部或施工缝边缘的距离不宜大于0.5m,且不宜小于0.2m。

③测区应选在使回弹仪处于水平方向检测混凝土浇筑侧面。当不能满足这一要求时,可使回弹仪处于非水平方向检测混凝土浇筑侧面、表面或底面。

④测区宜选在构件的两个对称可测面上,也可选在一个可测面上,且应均匀分布。在构件的重要部位及薄弱部位必须布置测区,并应避开预埋件。

⑤测区的面积不宜大于$0.04m^2$。

⑥检测面应为混凝土表面,并应清洁、平整,不应有疏松层、浮浆、油垢、涂层以及蜂窝、麻面,必要时可用砂轮片清除疏松层和杂物,且不应有残留的粉末和碎屑。

⑦结构或构件的测区应注明编号,必要时应在记录纸上描述测区示意图和外观质量情况。

(4)回弹值的测试

按上述方法选取构件和布置测区后,先测试回弹值。

①回弹仪的操作:将弹击杆顶住混凝土的表面,轻压仪器,松开按钮,弹击杆徐徐伸出。使仪器对混凝土表面缓慢均匀施压,待弹击锤脱钩冲击弹击杆后即回弹,带动指针向后移动并停留在某一位置上,即为回弹值。继续顶住混凝土表面并在读取和记录回弹值后,逐渐对仪器减压,使弹击杆自仪器内伸出,改变测点重复上述操作,即可测得被测构件或结构的若干回弹值。操作中注意仪器的轴线应始终垂直于混凝土构件的检测面,缓慢施压,准确读数,快速复位,如图9-3所示。

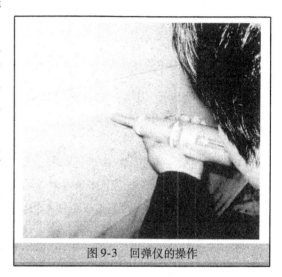

图9-3 回弹仪的操作

想一想

回弹仪的操作是要始终保持水平方向还是始终垂直于混凝土构件的检测面?

②测点布置:回弹测点宜在测区范围内均匀分布,相邻两测点的间距不宜小于20mm;测点距外露钢筋、预埋件的距离不宜小于30mm。测点不应在气孔或外露石子上,同一测点只应弹击一次。每一测区应记取16个回弹值。每一测点的回弹值读数准确至1。

(5)混凝土碳化深度的测试

混凝土的碳化作用指混凝土内的$Ca(OH)_2$受空气中CO_2气体作用生成硬度较高的$CaCO_3$。混凝土碳化使混凝土表面回弹值增大,但对混凝土本身强度影响不大,从而影响回弹法测强值。所以,要借助于碳化深度测深尺对混凝土的碳化深度进行测试,根据碳化深度对回弹测强值带来的影响进行必要的修正。

①测点布置:回弹值测量完毕后,应在有代表性位置上测量碳化深度值,测点数不应小于构件测区数的30%,取其平均值为该构件每测区的碳化深度值d_m。当碳化深度值级差大于2.0mm时,应在每一测区测量碳化深度值。

②测试方法:用适当的工具在测区的表面形成直径约为15mm的孔洞(图9-4),其深度应大于混凝土的碳化深度。清除洞中粉末和碎屑后(注意不能用水冲洗孔洞),立即用1%的酚酞酒精溶液滴在孔洞内壁的边缘处,当已碳化与未碳化界线清楚时,再用碳化深度测深

尺或其他工具测量已碳化与未碳化混凝土交界面到混凝土表面的垂直距离,测量不应少于3次,取其平均值。每次读数精确至0.5mm。

3 回弹值计算和测区混凝土强度的确定

(1)测区平均回弹值的计算

从该测区的16个回弹值中剔除3个最大值和3个最小值,按式(9-1)计算余下的10个回弹值的平均值。

$$R_m = \frac{\sum_{i=1}^{10} R_i}{10} \tag{9-1}$$

式中:R_m——测区平均回弹值,计算至0.1;

R_i——第i个测点的回弹值。

(2)测试角度修正

由于回弹法测强曲线是根据回弹仪水平方向测试混凝土试件侧面的试验数据计算得出的,因此,当测试中无法满足上述条件时,需对测得的回弹值进行修正。非水平方向检测混凝土浇筑侧面时,测区平均回弹值根据回弹仪轴线与水平方向的角度α(图9-5)按式(9-2)修正。

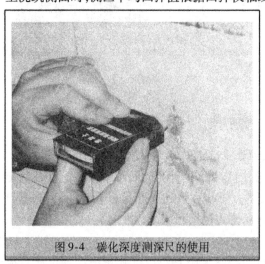

图9-4 碳化深度测深尺的使用

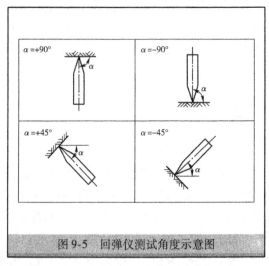

图9-5 回弹仪测试角度示意图

$$R_m = R_{m\alpha} + R_{a\alpha} \tag{9-2}$$

式中:$R_{m\alpha}$——非水平状态检测时测区的平均回弹值,精确至0.1;

$R_{a\alpha}$——非水平状态检测时回弹值修正值,可按表9-1查取。

非水平状态检测时的回弹值修正值　　　　表9-1

$R_{m\alpha}$	检测角度							
	向 上				向 下			
	+90°	+60°	+45°	+30°	-30°	-45°	-60°	-90°
20	-6.0	-5.0	-4.0	-3.0	+2.5	+3.0	+3.5	+4.0
21	-5.9	-4.9	-4.0	-3.0	+2.5	+3.0	+3.5	+4.0

续上表

$R_{m\alpha}$	检测角度							
	向 上				向 下			
	+90°	+60°	+45°	+30°	-30°	-45°	-60°	-90°
22	-5.8	-4.8	-3.9	-2.9	+2.4	+2.9	+3.4	+3.9
23	-5.7	-4.7	-3.9	-2.9	+2.4	+2.9	+3.4	+3.9
24	-5.6	-4.6	-3.8	-2.8	+2.3	+2.8	+3.3	+3.8
25	-5.5	-4.5	-3.8	-2.8	+2.3	+2.8	+3.3	+3.8
26	-5.4	-4.4	-3.7	-2.7	+2.2	+2.7	+3.2	+3.7
27	-5.3	-4.3	-3.7	-2.7	+2.2	+2.7	+3.2	+3.7
28	-5.2	-4.2	-3.6	-2.6	+2.1	+2.6	+3.1	+3.6
29	-5.1	-4.1	-3.6	-2.6	+2.1	+2.6	+3.1	+3.6
30	-5.0	-4.0	-3.5	-2.5	+2.0	+2.5	+3.0	+3.5
31	-4.9	-4.0	-3.5	-2.5	+2.0	+2.5	+3.0	+3.5
32	-4.8	-3.9	-3.4	-2.4	+1.9	+2.4	+2.9	+3.4
33	-4.7	-3.9	-3.4	-2.4	+1.9	+2.4	+2.9	+3.4
34	-4.6	-3.8	-3.3	-2.3	+1.8	+2.3	+2.8	+3.3
35	-4.5	-3.8	-3.3	-2.3	+1.8	+2.3	+2.8	+3.3
36	-4.4	-3.7	-3.2	-2.2	+1.7	+2.2	+2.7	+3.2
37	-4.3	-3.7	-3.2	-2.2	+1.7	+2.2	+2.7	+3.2
38	-4.2	-3.6	-3.1	-2.1	+1.6	+2.1	+2.6	+3.1
39	-4.1	-3.6	-3.1	-2.1	+1.6	+2.1	+2.6	+3.1
40	-4.0	-3.5	-3.0	-2.0	+1.5	+2.0	+2.5	+3.0
41	-4.0	-3.5	-3.0	-2.0	+1.5	+2.0	+2.5	+3.0
42	-3.9	-3.4	-2.9	-1.9	+1.4	+1.9	+2.4	+2.9
43	-3.9	-3.4	-2.9	-1.9	+1.4	+1.9	+2.4	+2.9
44	-3.8	-3.3	-2.8	-1.8	+1.3	+1.8	+2.3	+2.8
45	-3.8	-3.3	-2.8	-1.8	+1.3	+1.8	+2.3	+2.8
46	-3.7	-3.2	-2.7	-1.7	+1.2	+1.7	+2.2	+2.7
47	-3.7	-3.2	-2.7	-1.7	+1.2	+1.7	+2.2	+2.7
48	-3.6	-3.1	-2.6	-1.6	+1.1	+1.6	+2.1	+2.6
49	-3.6	-3.1	-2.6	-1.6	+1.1	+1.6	+2.1	+2.6
50	-3.5	-3.0	-2.5	-1.5	+1.0	+1.5	+2.0	+2.5

注：① $R_{m\alpha}$ 小于 20 或大于 50 时，均分别按 20 或 50 查表。
② 表中未列入的相应于 $R_{m\alpha}$ 的修正值，可用内插法求得，精确至 0.1。

（3）测试面修正

水平方向检测混凝土浇筑表面或底面时，应按式(9-3a)和式(9-3b)进行修正：

$$R_m = R_m^t + R_a^t \tag{9-3a}$$

$$R_m = R_m^b + R_a^b \tag{9-3b}$$

式中：R_m^t、R_m^b——水平方向检测混凝土浇筑表面或底面时，测区的平均回弹值，精确至0.1；

R_a^t、R_a^b——混凝土浇筑表面、底面回弹值的修正值，按表9-2查取。

不同浇筑面的回弹值修正值　　　　　　　　　　　　　　　　表9-2

R_m^t 或 R_m^b	表面修正值 R_a^t	底面修正值 R_a^b	R_m^t 或 R_m^b	表面修正值 R_a^t	底面修正值 R_a^b
20	+2.5	-3.0	36	+0.9	-1.4
21	+2.4	-2.9	37	+0.8	-1.3
22	+2.3	-2.8	38	+0.7	-1.2
23	+2.2	-2.7	39	+0.6	-1.1
24	+2.1	-2.6	40	+0.5	-1.0
25	+2.0	-2.5	41	+0.4	-0.9
26	+1.9	-2.4	42	+0.3	-0.8
27	+1.8	-2.3	43	+0.2	-0.7
28	+1.7	-2.2	44	+0.1	-0.6
29	+1.6	-2.1	45	0	-0.5
30	+1.5	-2.0	46	0	-0.4
31	+1.4	-1.9	47	0	-0.3
32	+1.3	-1.8	48	0	-0.2
33	+1.2	-1.7	49	0	-0.1
34	+1.1	-1.6	50	0	0
35	+1.0	-1.5			

注：①R_m^t 或 R_m^b 小于20或大于50时，均分别按20或50查表。

②表中有关混凝土浇筑表面的修正系数是指一般原浆抹面的修正值。

③表中有关混凝土浇筑表面的修正系数是指构件底面与侧面采用同一类模板在正常浇筑情况下的修正值。

④表中未列入的相应于 R_m^t 或 R_m^b 的 R_a^t 和 R_a^b 值，可用内插法求得，精确至0.1。

问一问

如果测试时仪器既非水平方向又非混凝土的浇筑侧面，修正顺序是先进行角度修正，还是先进行浇筑面修正？

(4) 测区混凝土强度换算值的确定

结构或构件第 i 个测区混凝土强度换算值，可按每一测区的平均回弹值（R_m）及平均碳化深度值（d_m）由测区混凝土强度换算表（附录一）查取，当有地区测强曲线或专用测强曲线时应按地区或专用测强曲线换算得出。对于泵送混凝土还应符合下列规定：

①当碳化深度值不大于2.0mm时,每一测区混凝土强度换算值应按表9-3修正。

泵送混凝土测区混凝土强度换算值的修正值　　　　　表9-3

碳化深度值(mm)	抗压强度值(MPa)				
0;0.5;1.0	f_{cu}^c(MPa)	≤40.0	45.0	50.0	55.0~60.0
	k(MPa)	+4.5	+3.0	+1.5	0
1.5;2.0	f_{cu}^c(MPa)	≤30.0	35.0	40.0~60.0	
	k(MPa)	+3.0	+1.5	0	

注:表中未列入的$f_{cu,i}^c$值可用内插法求得其修正值,精确至0.1MPa。

问一问

以上这一步得出的是测区混凝土强度换算值还是结构混凝土强度?

②当碳化深度值大于2.0mm时,可采用同条件试件或钻取混凝土芯样进行修正。

(5)统一测强曲线的适用条件

①符合下列条件的混凝土方可采用本书附录一"测区混凝土强度换算表"进行测区混凝土强度换算:

a. 不掺外加剂或仅掺非引气性外加剂;

b. 采用普通成型工艺;

c. 采用符合现行国家标准《混凝土结构工程施工质量验收规范》(GB 50204—2002)规定的钢模、木模及其他材料制作的模板;

d. 自然养护或蒸汽养护出池后经自然养护7d以上,且混凝土表层为干燥状态;

e. 龄期为14~1 000d;

f. 抗压强度为10~60MPa。

②当有下列情况之一时,测区混凝土强度不得按本书附录一进行换算:

a. 粗集料最大粒径大于60mm;

b. 特种成型工艺制作的混凝土;

c. 检测部位曲率半径小于250mm;

d. 潮湿或浸水混凝土。

4 混凝土强度计算

(1)结构或构件的测区混凝土强度平均值(mf_{cu}^c)可根据各测区的混凝土强度换算值($f_{cu,i}^c$)计算。当测区数为10个及以上时,应计算强度标准差。平均值和标准差按公式(9-4)和公式(9-5)计算。

$$mf_{cu}^c = \frac{\sum_{i=1}^{n} f_{cu,i}^c}{n} \tag{9-4}$$

$$sf_{cu}^c = \sqrt{\frac{\sum_{i=1}^{n}(f_{cu,i}^c)^2 - n(mf_{cu}^c)^2}{n-1}} \tag{9-5}$$

式中：mf_{cu}^c——结构或构件测区混凝土强度换算值的平均值(MPa)，精确至 0.1MPa；

$f_{cu,i}^c$——各测区混凝土强度换算值(MPa)；

n——对于单个检测的构件，取一个构件的测区数；对批量检测的构件，取被抽检构件测区数之和；

sf_{cu}^c——结构或构件测区混凝土强度换算值的标准差(MPa)，精确至 0.01 MPa。

问一问

这一步得出的是结构混凝土强度吗？

(2)结构或构件的混凝土强度推定值应按下式确定。

①当该结构或构件测区数少于 10 个时：

$$f_{cu,e} = f_{cu,min}^c \tag{9-6}$$

式中：$f_{cu,min}^c$——构件中最小的测区混凝土强度换算值。

②当该结构或构件测区强度值中出现小于 10.0 MPa 的数值时：

$$f_{cu,e} < 10.0 \text{ MPa} \tag{9-7}$$

③当该结构或构件测区数不少于 10 个或按批量检测时，应按公式(9-8)计算：

$$f_{cu,e} = mf_{cu}^c - 1.645 sf_{cu}^c \tag{9-8}$$

注：结构或构件的混凝土强度推定值是指相应于强度换算值总体分布中保证率不低于 95% 的结构或构件中的混凝土抗压强度值。

④对按批量检测的构件，当该批构件混凝土强度标准差出现下列情况之一时，则该批构件应全部按单个构件检测。

a. 当该批构件混凝土强度平均值小于 25MPa 时：

$$sf_{cu}^c > 4.5 \text{MPa}$$

b. 当该批构件混凝土强度平均值不小于 25MPa 时：

$$sf_{cu}^c > 5.5 \text{MPa}$$

四 试验检测结果

现场测试时，在梁的底面选择具有代表性的测区采用回弹法测试，其回弹值及碳化深度值列于表 9-4 中。

由于当时无地区测强曲线作为参照，决定采用《回弹法检测混凝土抗压强度技术规程》

(JGJ T23—2001)测强曲线进行计算,并进行修正,计算结果见表9-5。经检测得出混凝土强度推定值为30.2MPa,判定为合格。

回弹法检测原始记录表 表9-4

工程项目编号:K292+450跨线桥　　　　标段:　　　施工单位:

	测区	回 弹 值 (R_i)															
		1	2	3	4	5	6	7	8	9	10	11	12	13	14	15	16	R_m
结构物名称:K292+450跨线桥 构件名称:3#板梁 设计强度(MPa):C30 浇筑日期:2007年9月29日 碳化深度(mm):0,0,0	1	38	36	44	38	38	35	36	38	37	38	37	38	37	37	38	38	37.6
	2	38	38	47	39	38	42	40	40	41	39	39	37	45	38	39	37	39.1
	3	42	39	37	38	45	37	38	41	40	38	38	40	42	38	41		39.4
	4	40	38	37	46	42	40	46	38	44	44	37	41	37	39	39		40.5
	5	39	38	39	38	36	40	41	39	40	43	41	43	37	41	45		39.5
	6	41	40	49	39	39	38	37	39	37	37	42	45	38	36	37	36	38.5
	7	38	37	37	38	42	45	36	45	36	44	40	37	46	38	41		40.4
	8	41	40	46	37	49	41	38	40	49	47	36	39	40	52	42	38	41.7
	9	45	40	41	39	48	47	38	46	39	42	46	38	39	39	52		42.6
	10	39	36	44	43	42	50	48	38	37	40	38	44	43	36	38	41	41.2

测面状态	侧面、表面、底面干燥、潮湿	回弹仪	型号:ZC3—A	编号:×××
测面角度	水平、向上、向下		率定值:81 80 80 80 81 79 80 80 80 81 80 80	测试人员资格证号:

检测:　　　　　　　　年 月 日　　复核:　　　　　　　　年 月 日

构件混凝土强度计算表 表9-5

工程项目编号:K292+450跨线桥　　　　标段:　　　施工单位:

项目	测区	1	2	3	4	5	6	7	8	9	10
回弹值	测区平均值	37.6	39.1	39.4	40.5	39.5	38.5	40.0	41.7	42.6	41.2
	角度修正值	−4.2	−4.1	−4.1	−4.0	−4.0	−4.2	−4.0	−3.9	−3.9	−4.0
	角度修正后	33.4	35.0	35.3	36.5	35.5	34.3	36.0	37.8	38.7	37.2
	浇灌面修正值	−1.7	−1.5	−1.5	−1.4	−1.4	−1.6	−1.4	−1.2	−1.1	−1.3
	浇灌面修正后	31.7	33.5	33.8	35.1	34.1	32.7	34.6	36.6	37.6	35.9
平均碳化深度值 d_m (mm)		0	0	0	0	0	0	0	0	0	0
泵送混凝土修正值(MPa)		+4.5	+4.5	+4.5	+4.5	+4.5	+4.5	+4.5	+4.5	+4.5	+4.5
测区强度值 f_{cm}^c (MPa)		30.5	33.6	34.1	36.5	34.7	32.3	35.6	39.3	41.2	38.9
强度计算(MPa) ($n=10$)		$mf_{cu}^c = 35.7$			$sf_{cu}^c = 3.344$				$f_{cu,e} = 30.2$		
使用测区强度换算表名称:规程地区专用				备注:设计混凝土强度C30。							

检测:　　　　　　　　年 月 日　　复核:　　　　　　　　年 月 日

五、注意事项

(1) 回弹值测定时,应注意对混凝土表面缓慢均匀施压,切忌快速弹击,以免测量数据不准确。

(2) 操作中注意不论结构物测试面与地面的角度如何,均必须保证仪器的轴线始终垂直于测试面。

(3) 回弹测点宜在测区范围内均匀分布,相邻两测点的间距不宜小于20mm;测点不应布置在气孔或外露石子上,同一测点只应弹击一次。

(4) 测点距外露钢筋、预埋件的距离要超过30mm。

9.3 钻芯法检测结构混凝土强度

一、任务描述

某公路王庄小桥3-2号立柱浇筑时采用泵送混凝土,设计混凝土强度等级为C30,自然养护,龄期为30d,经回弹法检测强度推定值为29.2MPa,达不到设计要求,现决定采用钻芯法检测该立柱抗压强度。

二、任务分析

钻芯取样法测定水泥混凝土强度是指利用专用钻机,从结构混凝土中钻取芯样以检测混凝土的抗压强度,作为评定结构的主要品质指标。但是由于结构或构件部位的条件、所处位置及受力状态的影响,钻取芯样的数量比较少,在一定程度上可作为抽检混凝土强度、均匀性和内部缺陷的指标。

由于钻芯法对结构混凝土造成局部损伤,是一种半破损的现场检测手段,因此,只有在无损检测发现不合格或构件强度存在怀疑情况下,才采用钻芯法检测构件混凝土强度,可以作为构件最终混凝土强度。

采用钻芯法检测构件混凝土强度时,首先在构件上确定取芯检测区域,其次在检测区域范围内用钢筋位置探测仪找出钢筋位置,避开钢筋确定具体取芯点,用钻芯机取出长度满足要求的芯样,芯样经过加工后在压力机上试压得到芯样抗压强度值。

本方法按《钻芯法检测混凝土强度技术规程》(CECS 03:2007)进行。

三 任务实施

1 仪器设备

(1)钻芯机

钻芯机应具有足够的刚度,操作灵活、固定和移动方便,并应有水冷却系统。钻取芯样时宜采用金刚石或人造金刚石薄壁钻头。钻头胎体不得有肉眼可见的裂缝、缺边、少角、倾斜及喇叭口变形。钻头胎体对钢体的同心偏差不得大于0.3mm,钻头的径向跳动不大于1.5mm。

常见的钻芯机有:轻便型取芯机(钻芯直径 $\phi 12mm \sim \phi 75mm$)、轻型钻机(钻芯直径 $\phi 25mm \sim \phi 200mm$)、重型钻机(钻芯直径 $\phi 200mm \sim \phi 450mm$)和超重型钻机(钻芯直径 $\phi 330mm \sim \phi 700mm$)。钻芯机结构见图9-6a)、b)。钻头与钻机的连接方式,主要由钻头的直径和钻机的构造决定。一般可分为直柄式、螺纹连接式和胀卡连接式三种,见图9-7。

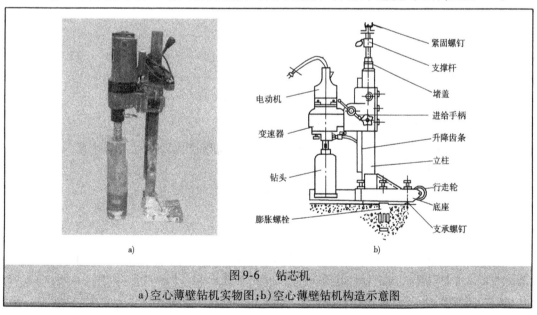

图9-6 钻芯机
a)空心薄壁钻机实物图;b)空心薄壁钻机构造示意图

(2)芯样切割机

当检测混凝土强度时,应将芯样用切割机加工成具有一定尺寸的抗压试件。切割机按切割方式可分为两种类型,一种是圆锯片不移动,但工作台可以移动;另一种是锯片平行移动,工作台不动。

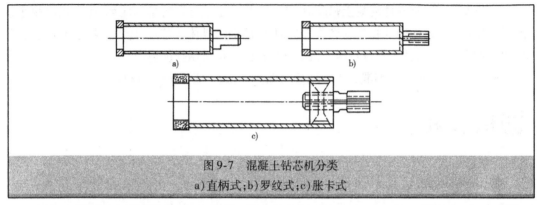

图 9-7 混凝土钻芯机分类
a)直柄式；b)罗纹式；c)胀卡式

锯切芯样时使用的锯切机和磨芯样，应具有冷却系统和牢固夹紧芯样的装置；配套使用的人造金刚石圆锯片应有足够的刚度。

(3)钢筋位置探测仪

探测钢筋位置的磁感仪，应适用于现场操作，最大探测深度不应小于60mm，探测位置偏差不宜大于±5mm。

(4)压力试验机

上下压板平整并具有足够刚度，可以均匀地连续加荷或卸荷，可以保持固定荷载，开机停机均灵活自如，能够满足试件破坏荷载要求。压力机及压板的精度要求和试验精度，与立方体试块是一样的。

② 检测步骤

(1)钻芯前的准备工作

①调查了解工程质量情况。

a.工程名称或代号，以及设计、施工、建设单位名称；

b.结构或构件种类、外形尺寸及数量；

c.混凝土强度等级，混凝土的成型日期、所用的水泥品种、粗集料粒径、砂石产地及配合比等；

d.混凝土试块的抗压强度；

e.结构或构件的现有质量状况以及施工或使用中存在的质量问题；

f.有关的结构设计图和施工图。

②钻芯尺寸。

在一般情况下，抗压试验芯样公称直径不宜小于集料最大粒径的3倍。在钢筋过密或因取芯位置不允许钻取较大芯样的特殊情况下，也可采用小直径芯样试件，但其公称直径不应小于70mm且不得小于集料最大粒径的2倍。抗压芯样试件的高度与直径之比(H/d)宜为1.00。

③芯样数量的确定。

a.成批构件混凝土强度检测时，取芯的数量应根据检验批的容量确定。标准芯样试件的最小样本量不宜少于15个，小直径芯样试件的最小样本量应适当增加。芯样应从检验批的结构构件中随机抽取，每个芯样应取自一个构件或结构的局部部位。

b. 单个构件混凝土检测时,在正常情况下,有效芯样试件的数量不应少于 3 个;对于较小构件,有效芯样试件的数量不得少于 2 个。

④取芯位置的选择。

取芯时会对结构混凝土造成局部损伤,因此在选择芯样位置时要特别慎重。其原则是:应尽量选择在结构受力较小的部位。对于一些重要构件或者一些构件的重要区域,尽量不在这些部位取芯,以免对结构安全工作造成不利影响。

在一个混凝土构件中由于施工条件、养护情况及不同位置的影响,各部分的强度并不是均匀一致的。在选择钻芯位置时,应考虑这些因素,以使取芯位置混凝土的强度具有代表性。应避开主筋、预埋件和管线的位置,并尽量避开其他钢筋,便于钻芯机安放与操作的部位。如有条件时,应首先对结构混凝土进行超声或超声回弹综合法测试,然后根据检测目的与要求来确定钻芯位置。

(2)芯样钻取

混凝土芯样的钻取是钻芯测强过程的首要环节,是技术性很强的工作。芯样质量的好坏,钻头和钻机的使用寿命以及工作效率,都与操作者的熟练程度和经验有关。因此,熟练的操作技术,合理调节各部位装置,将会获得较好的钻取效果。

先将钻机安放稳固(钻机的固定方法有:配重法、真空吸附法、顶杆支撑法和膨胀螺栓法等)并调至水平后,安装好钻头,接通水源,起动电动机,然后操作加压手柄,使钻头慢慢接触混凝土表面。当混凝土表面不平时,下钻更应特别小心,待钻头入槽稳定后,方可适当加压进钻。芯样钻取过程如图 9-8 所示。

在进钻过程中应保持冷却水的畅通,水流量宜为 3~5L/min,出口水温不宜过高。冷却

图 9-8 芯样钻取示意图

水的作用:一是防止金刚石温度升高烧毁钻头;二是及时排除钻孔中产生的大量混凝土碎屑,以利钻头不断切削新的工作面和减少钻头的磨损。水流量的大小与进钻速度和直径成正比,以达到料屑能快速排出,又不致四处飞溅为宜。当钻头钻至芯样要求长度后,退钻至离混凝土表面 20~30mm 时停电停水,然后将钻头全部退出混凝土表面。如停电停水过早,则容易发生卡钻现象,尤其在深孔作业时更应特别注意。

移开钻机后,用带弧度的钢钎插入圆形槽用锤敲击,此时由于弯矩的作用,使芯样在底部与结构断离,然后将芯样提出。取出的芯样应及时编号,并检查外观质量情况,做好记录后,妥善保管,以备切割成标准尺寸的芯样试件。

为了保证安全操作,取芯机操作人员必须穿戴绝缘鞋及其他防护用品。

(3)芯样加工及技术要求

芯样从构件中取出后,应经过精心加工,加工时应小心谨慎,避免缺边掉角。加工过程

如图 9-9 所示。芯样加工应符合如下要求。

图 9-9 芯样加工示意图

①芯样加工要求。

由于目前芯样锯切机使用比较普遍,因此抗压芯样试件的高度与直径之比(H/d)宜为 1.00,芯样试件的实际高径比(H/d)小于要求高径比的 0.95 或大于 1.05 时,应重新加工或废弃。加工成型的芯样如图 9-10 所示。

芯样试件内不宜含有钢筋。如不能满足此项要求时,抗压试件应符合下列要求:

a. 标准芯样试件,每个试件内最多只允许有两根直径小于 10mm 的钢筋;

b. 公称直径小于 100mm 的芯样试件,每个试件内最多只允许有一根直径小于 10mm 的钢筋;

c. 芯样内的钢筋应与芯样试件的轴线基本垂直并离开端面 10mm 以上。

②芯样尺寸要求及测量方法。

a. 平均直径:在钻芯过程中,由于受到钻机振动、钻头偏摆等因素的影响,沿芯样高度的任一直径以及芯样高度的各个方向并不是均匀一致的,也就是说同一芯样其直径有的部位大有的部位小。为了方便地计算芯样的截面积,故以平均直径为代表。测量平均直径[图 9-11d)]时,用游标卡尺测量芯样中部,在互相垂直的两个位置上取其两次测量的算术平均值作为平均直径,测量精度为 0.5mm。当沿芯样高度任一直径与平均直径相差达 2mm 以上时,由于对抗压强度的影响难以估计,故这样的芯样不能作为抗压试件使用。

b. 芯样高度[图 9-11a)]:用钢卷尺或钢板尺进行测量,精确至 1mm。

c. 端面平整度:芯样端面与立方体试块的侧面一样,是进行抗压强度试验时的承压面,其平整度对抗压强度影响很大。端面不平时,向上凸比向下凹引起的应力集中更为剧烈,如同劈裂抗拉强度破坏一样,强度下降更大。当中间凸出 1mm 时,其抗压强度只有平整试件的 1/2 左右,因此,国内外标准对芯样端面平整度有严格要求。测量端面平整度[图 9-11b)]的方法是:用钢板尺或角尺

图 9-10 加工成型的芯样

紧靠在芯样端面上,一面转动钢板尺一面用塞尺测量与芯样之间的缝隙,在 100mm 长度范围内不超过 0.1mm 为合格。

d. 垂直度:垂直度测量[图 9-11c)]方法是,用游标量角器分别测量两个端面与轴线间

的夹角,测量精度为0.1°,不垂直度应小于1°。

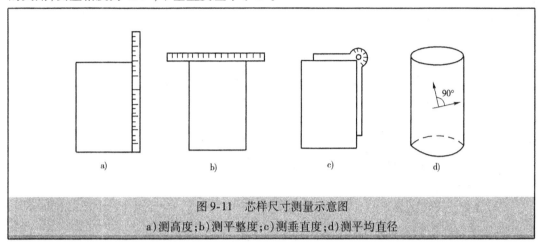

图9-11 芯样尺寸测量示意图
a)测高度;b)测平整度;c)测垂直度;d)测平均直径

③芯样切割加工与端面的修整。

a. 芯样切割:采用切割机和人造金刚石圆锯片进行切割加工。芯样切割部位的选择和切割机操作正确与否,是保证芯样切割质量的重要环节。芯样加工时切除部分和保留部分应根据检测的目的确定。在一般情况下,应将影响强度试验的缺边、掉角、孔洞、疏松层、钢筋等部分切除。但是,在一些特殊情况下,如为了检测混凝土受冻或疏松层的强度时,在切割加工中要注意保留这一部分混凝土。为了抗压强度试验的方便,在满足试件尺寸要求的前提下,同一批试件应尽可能切割成同样的高度。

b. 芯样端面的修整:芯样在锯切过程中,由于受到振动、夹持不紧或圆锯片偏斜等因素的影响,芯样端面的平整度及垂直度很难完全满足试件尺寸的要求。当锯切后芯样端面的平整度在100mm长度内超过0.1mm,芯样端面与轴线的垂直度超过1°时,需采用专用机具进行磨平或补平处理。芯样端面修整基本可分为两种方法:磨平法和补平法。磨平法是在磨平机的磨盘上撒上金刚石砂粒(或直接用金刚石磨轮)对芯样两端进行磨平处理,或采用金刚石车刀在车床上对芯样端面进行车光处理,直到平整度及垂直度达到要求时为止。补平法是用补平材料对芯样端面进行修整,芯样补平可用环氧胶泥或聚合物水泥砂浆补平;对于抗压强度低于40MPa的芯样试件,可采用水泥砂浆、水泥净浆或聚合物水泥砂浆补平,补平层厚度不宜大于5mm;也可采用硫磺胶泥补平,补平层厚度不宜大于1.5mm。

(4)抗压强度试验

芯样在进行抗压强度试验时,可分潮湿状态下和干燥状态下两种试验方法。在干燥状态下试验的试件,通常比经过浸湿的芯样强度高。为了使芯样试件与被测结构混凝土的湿度在基本一致的条件下进行试验,在钻芯法规程中,规定了芯样试件可在两种湿度状态下进行试验,如结构工作条件比较干燥,芯样试件应以自然干燥状态进行试验;结构工作条件比较潮湿,芯样试件应以潮湿状态进行试验。对于干燥状态,芯样应在室内充分自然干燥进行试验;在潮湿状态进行试验时,芯样试件应在20℃±5℃的清水中浸泡40~48h,从水中取出后立即进行试验。

芯样试件抗压试验的操作应符合现行国家标准《普通混凝土力学性能试验方法标准》

(GB/T 50081—2002)中对立方体试块抗压试验的规定。

3 试验结果计算

（1）单个芯样强度计算

芯样试件的混凝土抗压强度可按式(9-9)计算。

$$f_{cu,cor} = \frac{F_c}{A} \tag{9-9}$$

式中：$f_{cu,cor}$——芯样试件的混凝土抗压强度值(MPa)；

　　　F_c——芯样试件的抗压试验测得的最大压力(N)；

　　　A——芯样试件抗压截面面积(mm^2)。

（2）混凝土强度的推定

①成批构件混凝土强度推定。

成批构件混凝土强度推定按《钻芯法检测混凝土强度技术规程》(CECS 03:2007)在置信度为0.85得出的推定区间，首先按式(9-9)计算出每个芯样的混凝土强度，再按式(9-10a)、式(9-10b)得出推定区间的上限值和下限值以及式(9-11)平均值和式(9-12)标准差。

上限值：

$$f_{cu,e,1} = f_{cu,cor,m} - k_1 S_{cor} \tag{9-10a}$$

下限值：

$$f_{cu,e,2} = f_{cu,cor,m} - k_2 S_{cor} \tag{9-10b}$$

平均值：

$$f_{cu,cor,m} = \frac{\sum_{i=1}^{n} f_{cu,cor,i}}{n} \tag{9-11}$$

标准差：

$$S_{cor} = \sqrt{\frac{\sum_{i=1}^{n}(f_{cu,cor,i} - f_{cu,cor,m})^2}{n-1}} \tag{9-12}$$

式中：$f_{cu,cor,m}$——芯样试件的混凝土抗压强度平均值(MPa)，精确至0.1 MPa；

　　　$f_{cu,cor,i}$——单个芯样试件的混凝土抗压强度值(MPa)，精确至0.1 MPa；

　　　$f_{cu,e,1}$——混凝土抗压强度上限值(MPa)，精确至0.1 MPa；

　　　$f_{cu,e,2}$——混凝土抗压强度下限值(MPa)，精确至0.1 MPa；

　　　k_1、k_2——推定区间上限值系数和下限值系数，按表9-6查得；

　　　S_{cor}——芯样试件强度样本的标准差(MPa)，精确至0.1MPa。

推定区间的上限值和下限值按《钻芯法检测混凝土强度技术规程》(CECS 03:2007)要求，$f_{cu,e,1}$与$f_{cu,e,2}$之间的差值不宜大于5.0MPa和$0.10 f_{cu,cor,m}$两者的较大值。其结果以$f_{cu,e,1}$作为检验批混凝土强度的推定值。

【例题9-1】 某批梁经现场确定采用钻芯法检测，其检测数量为15个，经过室内抗压强度试验，芯样强度分别为52.8MPa、52.7MPa、55.3MPa、57.8MPa、51.4MPa、46.8MPa、

52.7MPa、59.2MPa、53.4MPa、55.6MPa、54.5MPa、49.2MPa、51.4MPa、52.3MPa、48.2MPa,试计算本批梁混凝土强度推定值。

k_1、k_2 系 数　　　　　表 9-6

试件数 n	k_1	k_2	试件数 n	k_1	k_2	试件数 n	k_1	k_2
15	1.222	2.566	30	1.332	2.220	45	1.383	2.092
16	1.234	2.524	31	1.336	2.208	46	1.386	2.086
17	1.244	2.486	32	1.341	2.197	47	1.389	2.081
18	1.254	2.453	33	1.345	2.186	48	1.391	2.075
19	1.263	2.423	34	1.349	2.176	49	1.393	2.070
20	1.271	2.396	35	1.352	2.167	50	1.396	2.065
21	1.279	2.371	36	1.356	2.158	60	1.415	2.022
22	1.286	2.349	37	1.360	2.149	70	1.431	1.990
23	1.293	2.328	38	1.363	2.141	80	1.444	1.964
24	1.300	2.309	39	1.366	2.133	90	1.454	1.944
25	1.306	2.292	40	1.369	2.125	100	1.463	1.927
26	1.311	2.275	41	1.372	2.118	110	1.471	1.912
27	1.317	2.260	42	1.375	2.111	120	1.478	1.899
28	1.322	2.246	43	1.378	2.105	—	—	—
29	1.327	2.232	44	1.381	2.098	—	—	—

解: 按式(9-11)和式(9-12)计算平均值和均方差。

$$f_{\text{cu,cor,m}} = 52.9 \text{ MPa}$$
$$S_{\text{cor}} = 3.35$$

按表9-6查得 k_1、k_2 值分别为1.222、2.566;按式(9-10a)、式(9-10b)得出推定区间的上限值和下限值如下:

$$f_{\text{cu,e,1}} = 52.9 - 1.222 \times 3.35 = 48.8 \text{MPa}$$
$$f_{\text{cu,e,2}} = 52.9 - 2.566 \times 3.35 = 44.3 \text{MPa}$$

判别 $f_{\text{cu,e,1}} - f_{\text{cu,e,2}} = 4.5$MPa,符合不大于5.0MPa和 $0.10 f_{\text{cu,cor,m}}$ 两者中较大值的要求,则本批混凝土强度推定值为 $f_{\text{cu,e,1}}$ 即48.8MPa。

问一问

单个构件混凝土强度也是如成批构件一样推定构件混凝土强度吗?

②单个构件混凝土强度的推定。

单个构件按式(9-9)计算出每个芯样的混凝土强度,按《钻芯法检测混凝土强度技术规程》(CECS 03:2007)要求,单个构件的混凝土强度推定值不再进行数据的舍弃,而应按有效芯样试件混凝土抗压强度值中的最小值确定。

四 试验检测结果

王庄小桥3-2号立柱侧面按上、中、下三个位置取出芯样,经室内抗压强度试验,其结果见表9-7。经检测各芯样强度结果分别为35.6MPa、32.4MPa、34.3MPa,按单个构件强度推定为32.4MPa,判定该立柱强度合格。

水泥混凝土芯样抗压强度试验记录表　　　　　　　　　　表9-7

工程名称：王庄小桥　　　　　　　　　　　　　　　　合同号：_____

试样编号	试件编号	试件直径（mm）			试件高度（mm）					破坏荷载 F （kN）	高径比	抗压强度测值 f_{cu} （MPa）	抗压强度测定值 f_{cu}' （MPa）	备注
		d_1	d_2	d	h_1	h_2	h_3	h_4	h					
3-2号	1	99.4	99.2	99.5	99.3	95.0	96.0	95.8	96	278.0	0.97	35.6	32.4	
	2	99.3	99.4	99.5	100.0	99.2	100.1	99.5	100	253.0	1.01	32.4		
	3	99.2	99.5	99.5	100.1	100.1	99.8	99.4	100	268.0	1.01	34.3		

结论：该立柱经取芯检测,测得抗压强度为32.4MPa。

五 注意事项

采用钻芯法检测混凝土强度时,除本课题中提到的应注意问题以外,还应注意以下问题：

(1)对混凝土强度等级低于C10的结构,不宜采用钻芯法检测。

(2)将芯样取出并稍晾干后,应标上芯样的编号,并应记录取芯构件名称、取芯位置、芯样长度及外观质量等,必要时应拍摄照片。如发现不符合制作芯样试件的条件,应另行钻取。

(3)芯样在搬运之前应采用草袋废水泥袋等材料仔细包装,以免碰坏。

(4)芯样有裂缝或有其他较大缺陷时不得用做抗压强度试验。

(5)硫磺胶泥(或硫磺)补平法一般适用于自然干燥状态下抗压试验的芯样试件补平,水泥砂浆(或水泥净浆)补平法一般适用于潮湿状态下抗压试验的芯样试件补平。

(6)补平层应与芯样结合牢固,以使受压时补平层与芯样的结合不被提前破坏。

单元小结

（1）混凝土的测强技术按其对混凝土结构的影响程度分为无损检测法和部分破损法。

（2）无损检测法以混凝土强度与某些物理量之间的相关性为基础，检测时在不影响结构或构件混凝土任何性能的前提下测试这些物理量，然后根据相关关系推算被测混凝土的强度推定值。其主要方法有：回弹法、超声法、超声回弹综合法、射线法、成熟度法等。此类方法所用仪器简单、操作方便、费用低廉，同时便于大范围检测，在有严格的测强曲线的条件下，其测试精度较高。

（3）当对混凝土试件的代表性有怀疑或需要确定混凝土工程的强度时，必须直接在混凝土结构物上运用无损检测法测定混凝土的实际强度。

（4）回弹法是用一弹簧驱动的重锤，通过弹击杆，弹击混凝土表面，并测出重锤被反弹回来的距离，以回弹值作为与强度相关的指标来推定混凝土强度的一种方法。由于测量是在混凝土表面进行，所以属于表面硬度法的一种。

（5）回弹法检测的步骤如下：
①对回弹仪进行率定；
②选择构件、布置测区等准备工作；
③回弹值的测定；
④对测区回弹值平均值的计算及修正；
⑤计算测区混凝土强度换算值；
⑥确定结构或构件的混凝土强度推定值；
⑦工程案例示意。

（6）钻芯法检测是一种半破损的现场检测方法，在对构件检测混凝土强度时，尽量避免采用该检测方法，只有在构件强度受到怀疑时才采用该方法确定构件混凝土强度。

（7）钻芯法检测步骤如下：
①确定取芯位置；
②取芯样；
③芯样加工；
④芯样试压；
⑤计算每个芯样强度值；
⑥确定结构或构件的混凝土强度推定值；
⑦工程案例示意。

（8）单个构件是按有效芯样抗压强度中的最小值确定，而成批构件是按有效芯样抗压强度值经过评定得到该批构件的强度值。

自我检测

1. 回弹法测定混凝土抗压强度的主要测试仪器有哪些?
2. 回弹仪有哪些情况之一时应送鉴定单位鉴定?
3. 回弹法测定混凝土的抗压强度,每个构件的测区应满足哪些要求?
4. 简述回弹法检测混凝土强度的基本原理和检测原则。
5. 用回弹法对混凝土矩形墩进行强度检测,其中某一测区($\alpha=0$)回弹值分别为37、35、33、37、38、35、36、35、34、36、35、37、36、35、34、36,碳化深度为0.5mm,求该测区混凝土强度。
6. 钻孔取芯检测水泥混凝土强度的取芯和加工应注意哪些问题?
7. 某批立柱经现场确定采用钻芯法检测,其检测数量为20个,经过室内抗压强度试验,芯样强度分别为32.7MPa、35.3MPa、37.8MPa、36.8MPa、39.2MPa、33.4MPa、34.5MPa、29.2MPa、31.4MPa、32.3MPa、33.2MPa、34.6MPa、35.3MPa、31.7MPa、29.8MPa、36.5MPa、31.2MPa、33.3MPa、34.1MPa、30.4MPa,试计算本批立柱混凝土强度推定值。

附录一 测区混凝土强度换算表

测区混凝土强度换算表(统一)

平均回弹值 R_m	测区混凝土强度换算值 $f^c_{cu,i}$ (MPa)											
	平均碳化深度值 d_m (mm)											
	0	0.5	1.0	1.5	2.0	2.5	3.0	3.5	4.0	4.5	5.0	5.5	≤6.0
20.0	10.3	10.1	—	—	—	—	—	—	—	—	—	—	—
20.2	10.5	10.3	10.0	—	—	—	—	—	—	—	—	—	—
20.4	10.7	10.5	10.2	—	—	—	—	—	—	—	—	—	—
20.6	11.0	10.8	10.4	10.1	—	—	—	—	—	—	—	—	—
20.8	11.2	11.0	10.6	10.3	—	—	—	—	—	—	—	—	—
21.0	11.4	11.2	10.8	10.5	10.0	—	—	—	—	—	—	—	—
21.2	11.6	11.4	11.0	10.7	10.2	—	—	—	—	—	—	—	—
21.4	11.8	11.6	11.2	10.9	10.4	10.0	—	—	—	—	—	—	—
21.6	12.0	11.8	11.4	11.0	10.6	10.2	—	—	—	—	—	—	—
21.8	12.3	12.1	11.7	11.3	10.8	10.5	10.1	—	—	—	—	—	—
22.0	12.5	12.2	11.9	11.5	11.0	10.6	10.2	—	—	—	—	—	—
22.2	12.7	12.4	12.1	11.7	11.2	10.8	10.4	10.0	—	—	—	—	—
22.4	13.0	12.7	12.4	12.0	11.4	11.0	10.7	10.3	10.0	—	—	—	—
22.6	13.2	12.9	12.5	12.1	11.6	11.2	10.8	10.4	10.2	—	—	—	—
22.8	13.4	13.1	12.7	12.3	11.8	11.4	11.0	10.6	10.3	—	—	—	—
23.0	13.7	13.4	13.0	12.6	12.1	11.6	11.2	10.8	10.5	10.1	—	—	—
23.2	13.9	13.6	13.2	12.8	12.2	11.8	11.4	11.0	10.7	10.3	10.0	—	—
23.4	14.1	13.8	13.4	13.0	12.4	12.0	11.6	11.2	10.9	10.4	10.2	—	—
23.6	14.4	14.1	13.7	13.2	12.7	12.2	11.8	11.4	11.1	10.7	10.4	10.1	—
23.8	14.6	14.3	13.9	13.4	12.8	12.4	12.0	11.5	11.2	10.8	10.5	10.2	—
24.0	14.9	14.6	14.2	13.7	13.1	12.7	12.2	11.8	11.5	11.0	10.7	10.4	10.1
24.2	15.1	14.8	14.3	13.9	13.3	12.8	12.4	11.9	11.6	11.2	10.9	10.6	10.3
24.4	15.4	15.1	14.6	14.2	13.6	13.1	12.6	12.2	11.9	11.4	11.1	10.8	10.4
24.6	15.6	15.3	14.8	14.4	13.7	13.3	12.8	12.3	12.0	11.5	11.2	10.9	10.6
24.8	15.9	15.6	15.1	14.6	14.0	13.5	13.0	12.6	12.2	11.8	11.4	11.1	10.7
25.0	16.2	15.9	15.4	14.9	14.3	13.8	13.3	12.8	12.5	12.0	11.7	11.3	10.9
25.2	16.4	16.1	15.6	15.1	14.4	13.9	13.4	13.0	12.6	12.1	11.8	11.5	11.0
25.4	16.7	16.4	15.9	15.4	14.7	14.2	13.7	13.2	12.9	12.4	12.0	11.7	11.2

续上表

平均回弹值 R_m	测区混凝土强度换算值 $f_{cu,i}^c$ (MPa)												
	平均碳化深度值 d_m (mm)												
	0	0.5	1.0	1.5	2.0	2.5	3.0	3.5	4.0	4.5	5.0	5.5	≤6.0
25.6	16.9	16.6	16.1	15.7	14.9	14.4	13.9	13.4	13.0	12.5	12.2	11.8	11.3
25.8	17.2	16.9	16.3	15.8	15.1	14.6	14.1	13.6	13.2	12.7	12.4	12.0	11.5
26.0	17.5	17.2	16.6	16.1	15.4	14.9	14.4	13.8	13.5	13.0	12.6	12.2	11.6
26.2	17.8	17.4	16.9	16.4	15.7	15.1	14.6	14.0	13.7	13.2	12.8	12.4	11.8
26.4	18.0	17.6	17.1	16.6	15.8	15.3	14.8	14.2	13.9	13.3	13.0	12.6	12.0
26.6	18.3	17.9	17.4	16.8	16.1	15.6	15.0	14.4	14.1	13.5	13.2	12.8	12.1
26.8	18.6	18.2	17.7	17.1	16.4	15.8	15.3	14.6	14.3	13.8	13.4	12.9	12.3
27.0	18.9	18.5	18.0	17.4	16.6	16.1	15.5	14.8	14.6	14.0	13.6	13.1	12.4
27.2	19.1	18.7	18.1	17.6	16.8	16.2	15.7	15.0	14.7	14.1	13.8	13.3	12.6
27.4	19.4	19.0	18.4	17.8	17.0	16.4	15.9	15.2	14.9	14.3	14.0	13.4	12.7
27.6	19.7	19.3	18.7	18.0	17.2	16.6	16.1	15.4	15.1	14.5	14.1	13.6	12.9
27.8	20.0	19.6	19.0	18.2	17.4	16.8	16.3	15.6	15.3	14.7	14.2	13.7	13.0
28.0	20.3	19.7	19.2	18.4	17.6	17.0	16.5	15.8	15.4	14.8	14.4	13.9	13.2
28.2	20.6	20.0	19.5	18.6	17.8	17.2	16.7	16.0	15.6	15.0	14.6	14.0	13.3
28.4	20.9	20.3	19.7	18.8	18.0	17.4	16.9	16.2	15.8	15.2	14.8	14.2	13.5
28.6	21.2	20.6	20.0	19.1	18.2	17.6	17.1	16.4	16.0	15.4	15.0	14.3	13.6
28.8	21.5	20.9	20.2	19.4	18.5	17.8	17.3	16.6	16.2	15.6	15.2	14.5	13.8
29.0	21.8	21.1	20.5	19.6	18.7	18.1	17.5	16.8	16.4	15.8	15.4	14.6	13.9
29.2	22.1	21.4	20.8	19.9	19.0	18.3	17.7	17.0	16.6	16.0	15.6	14.8	14.1
29.4	22.4	21.7	21.1	20.2	19.3	18.6	17.9	17.2	16.8	16.2	15.8	15.0	14.2
29.6	22.7	22.0	21.3	20.4	19.5	18.8	18.2	17.5	17.0	16.4	16.0	15.1	14.4
29.8	23.0	22.3	21.6	20.7	19.8	19.1	18.4	17.7	17.2	16.6	16.2	15.3	14.5
30.0	23.3	22.6	21.9	21.0	20.0	19.3	18.6	17.9	17.4	16.8	16.4	15.4	14.7
30.2	23.6	22.9	22.2	21.2	20.3	19.6	18.9	18.2	17.6	17.0	16.6	15.6	14.9
30.4	23.9	23.2	22.5	21.5	20.6	19.8	19.1	18.4	17.8	17.2	16.8	15.8	15.1
30.6	24.3	23.6	22.8	21.9	20.9	20.2	19.4	18.7	18.0	17.5	17.0	16.0	15.2
30.8	24.6	23.9	23.1	22.1	21.2	20.4	19.7	18.9	18.2	17.7	17.2	16.2	15.4
31.0	24.9	24.2	23.4	22.4	21.4	20.7	19.9	19.2	18.4	17.9	17.4	16.4	15.5
31.2	25.2	24.4	23.7	22.4	21.7	20.9	20.2	19.4	18.6	18.1	17.6	16.6	15.7
31.4	25.6	24.8	24.1	23.0	22.0	21.2	20.5	19.7	18.9	18.4	17.8	16.9	15.8
31.6	25.9	25.1	24.3	23.3	22.3	21.5	20.7	19.9	19.2	18.6	18.0	17.1	16.0
31.8	26.2	25.4	24.6	23.6	22.5	21.7	21.0	20.2	19.4	18.9	18.2	17.3	16.2
32.0	26.5	25.7	24.9	23.9	22.8	22.0	21.2	20.4	19.6	19.1	18.4	17.5	16.4

续上表

| 平均回弹值 R_m | 测区混凝土强度换算值 $f_{cu,i}^c$ (MPa) |||||||||||||
| | 平均碳化深度值 d_m (mm) |||||||||||||
	0	0.5	1.0	1.5	2.0	2.5	3.0	3.5	4.0	4.5	5.0	5.5	≤6.0
32.2	26.9	26.1	25.3	24.2	23.1	22.3	21.5	20.7	19.9	19.4	18.6	17.7	16.6
32.4	27.2	26.4	25.6	24.5	23.4	22.6	21.8	20.9	20.1	19.6	18.8	17.9	16.8
32.6	27.6	26.8	25.9	24.8	23.7	22.9	22.1	21.3	20.4	19.9	19.0	18.1	17.0
32.8	27.9	27.1	26.2	25.1	24.0	23.2	22.3	21.5	20.6	20.1	19.2	18.3	17.2
33.0	28.2	27.4	26.5	25.4	24.3	23.4	22.6	21.7	20.9	20.3	19.4	18.5	17.4
33.2	28.6	27.7	26.8	25.7	24.6	23.7	22.9	22.0	21.2	20.5	19.6	18.7	17.6
33.4	28.9	28.0	27.1	26.0	24.9	24.0	23.1	22.3	21.4	20.7	19.8	18.9	17.8
33.6	29.3	28.4	27.4	26.4	25.2	24.2	23.3	22.6	21.7	20.9	20.0	19.1	18.0
33.8	29.6	28.7	27.7	26.6	25.4	24.4	23.5	22.8	21.9	21.1	20.2	19.3	18.2
34.0	30.0	29.1	28.0	26.8	25.6	24.6	23.7	23.0	22.1	21.3	20.4	19.5	18.3
34.2	30.3	29.4	28.3	27.0	25.8	24.8	23.9	23.2	22.3	21.5	20.6	19.7	18.4
34.4	30.7	29.8	28.6	27.2	26.0	25.0	24.1	23.4	22.5	21.7	20.8	19.8	18.6
34.6	31.1	30.2	28.9	27.4	26.2	25.2	24.3	23.6	22.7	21.9	21.0	20.0	18.8
34.8	31.4	30.5	28.2	27.6	26.4	25.4	24.5	23.8	22.9	22.1	21.2	20.2	19.0
35.0	31.8	30.9	29.6	28.0	26.7	25.8	24.8	24.0	23.2	22.3	21.4	20.4	19.2
35.2	32.1	31.1	29.9	28.2	27.0	26.0	25.0	24.2	23.4	22.5	21.6	20.6	19.4
35.4	32.5	31.5	30.2	28.6	27.3	26.3	25.4	24.4	23.7	22.8	21.8	20.8	19.6
35.6	32.9	31.9	30.6	29.0	27.6	26.6	25.7	24.7	24.0	23.0	22.0	21.0	19.8
35.8	33.3	32.3	31.0	29.3	28.0	27.0	26.0	25.0	24.3	23.3	22.2	21.2	20.0
36.0	33.6	32.6	31.2	29.6	28.2	27.2	26.2	25.2	24.5	23.5	22.4	21.4	20.2
36.2	24.0	33.0	31.6	29.9	28.6	27.5	26.5	25.5	24.8	23.8	22.6	21.6	20.4
36.4	34.4	33.4	32.0	30.3	28.9	27.9	26.8	25.8	25.1	24.0	22.8	21.8	20.6
36.6	34.8	33.8	32.4	30.6	29.2	28.2	27.1	26.1	25.4	24.4	23.0	22.0	20.9
36.8	35.2	34.1	32.7	31.0	29.6	28.5	27.5	26.4	25.7	24.6	23.2	22.2	21.1
37.0	35.5	34.4	33.0	31.2	29.8	28.8	27.7	26.6	25.9	24.8	23.4	22.4	21.3
37.2	35.9	34.8	33.4	31.6	30.2	29.1	28.0	26.9	26.2	25.1	23.7	22.6	21.5
37.4	36.3	35.2	33.8	31.9	30.5	29.4	28.3	27.2	26.5	25.4	24.0	22.9	21.8
37.6	36.7	35.6	34.1	32.3	30.8	29.7	28.6	27.5	26.8	25.7	24.2	23.1	22.0
37.8	37.1	36.0	34.5	32.6	31.2	30.0	28.9	27.8	27.1	26.0	24.5	23.4	22.3
38.0	37.5	36.4	34.9	33.0	31.5	30.3	29.2	28.1	27.4	26.2	24.8	23.6	22.5
38.2	37.9	36.8	35.2	33.4	31.8	30.6	29.5	28.4	27.7	26.4	25.0	23.9	22.7
38.4	38.3	37.2	35.6	33.7	32.1	30.9	29.8	28.7	28.0	26.8	25.3	24.1	23.0
38.6	38.7	37.5	36.0	34.1	32.4	31.2	30.1	29.0	28.3	27.0	25.5	24.4	23.2

续上表

平均回弹值 R_m	测区混凝土强度换算值 $f_{cu,i}^c$ (MPa)												
	平均碳化深度值 d_m (mm)												
	0	0.5	1.0	1.5	2.0	2.5	3.0	3.5	4.0	4.5	5.0	5.5	≤6.0
38.8	39.1	37.9	36.4	34.4	31.7	31.5	30.4	29.3	28.5	27.2	25.8	24.6	23.5
39.0	39.5	38.2	36.7	35.7	33.0	31.8	30.6	29.6	28.8	27.4	26.0	24.8	23.7
39.2	39.9	38.5	37.0	35.0	33.3	32.1	30.8	29.8	29.0	27.6	26.2	25.0	24.0
39.4	40.3	38.8	37.3	35.3	33.6	32.4	31.0	30.0	29.2	27.8	26.4	25.2	24.2
39.6	40.7	39.1	37.6	35.6	33.9	32.7	31.2	30.2	29.4	28.0	26.6	25.4	24.4
39.8	41.2	39.6	38.0	35.9	34.2	33.0	31.4	30.5	29.7	28.2	26.8	25.6	24.7
40.0	41.6	39.9	38.3	36.2	34.5	33.3	31.7	30.8	30.0	28.4	27.0	25.8	25.0
40.2	42.0	40.3	38.6	36.5	34.8	33.6	32.0	31.1	30.2	28.6	27.3	26.0	25.2
40.4	42.4	40.7	39.0	36.9	35.1	33.9	32.3	31.4	30.5	28.8	27.6	26.2	25.4
40.6	42.8	41.1	39.4	37.2	35.4	34.2	32.6	31.7	30.8	29.1	27.8	26.5	25.7
40.8	43.3	41.6	39.8	37.7	35.7	34.5	32.9	32.0	31.2	29.4	28.1	26.8	26.0
41.0	43.7	42.0	40.2	38.0	36.0	34.8	33.2	32.3	31.5	29.7	28.4	27.1	26.2
41.2	44.1	42.3	40.6	38.4	36.3	35.1	33.5	32.6	31.8	30.0	28.7	27.3	26.5
41.4	44.5	42.7	40.9	38.7	36.6	35.4	33.8	32.9	32.0	30.3	28.9	27.6	26.7
41.6	45.0	43.2	41.4	39.1	36.9	35.7	34.2	33.3	32.4	30.6	29.2	27.9	27.0
41.8	45.4	43.6	41.8	39.5	37.2	36.0	34.5	33.6	32.7	30.9	29.5	28.1	27.2
42.0	45.9	44.1	42.2	39.9	37.6	36.3	34.9	34.0	33.0	31.2	29.8	28.5	27.5
42.2	46.3	44.4	42.6	40.3	38.0	36.6	35.2	34.3	33.3	31.5	30.1	28.7	27.8
42.4	46.7	44.8	43.0	40.6	38.3	36.9	35.5	34.6	33.6	31.8	30.4	29.0	28.0
42.6	47.2	45.3	43.4	41.1	38.7	37.3	35.9	34.9	34.0	32.1	30.7	29.3	28.3
42.8	47.6	45.7	43.8	41.4	39.0	37.6	36.2	35.2	34.3	32.4	30.9	29.5	28.6
43.0	48.1	46.2	44.2	41.8	39.4	38.0	36.6	35.6	34.6	32.7	31.3	29.8	28.9
43.2	48.5	46.6	44.6	42.2	39.8	39.3	36.9	35.9	34.9	33.0	31.5	30.1	29.1
43.4	49.0	47.0	45.1	42.6	40.2	38.7	37.2	36.3	35.3	33.3	31.8	30.4	29.4
43.6	49.4	47.4	45.5	43.0	40.5	39.0	37.5	36.6	35.6	33.6	32.1	30.6	29.6
43.8	49.9	47.9	45.9	43.4	40.9	39.4	37.9	36.9	35.9	33.9	32.4	30.9	29.9
44.0	50.4	48.4	46.4	43.8	41.3	39.8	38.3	37.3	36.3	34.3	32.8	31.2	30.2
44.2	50.8	48.8	46.7	44.2	41.7	40.1	38.6	37.6	36.6	34.5	33.0	31.5	30.5
44.4	51.3	49.2	47.2	44.6	42.1	40.5	39.0	38.0	36.9	34.9	33.3	31.8	30.8
44.6	51.7	49.6	47.6	45.0	42.4	40.8	39.3	38.3	37.2	35.2	33.6	32.1	31.0
44.8	52.2	50.1	48.0	45.4	42.8	41.2	39.7	38.6	37.6	35.5	33.9	32.4	31.3
45.0	52.7	50.6	48.5	45.8	43.2	41.6	40.1	39.0	37.9	35.8	34.3	32.7	31.6
45.2	53.2	51.1	48.9	46.3	43.6	42.0	40.4	39.4	38.3	36.2	34.6	33.0	31.9

附录一 测区混凝土强度换算表

续上表

平均回弹值 R_m	测区混凝土强度换算值 $f_{cu,i}^c$ (MPa)											
	平均碳化深度值 d_m (mm)											
	0	0.5	1.0	1.5	2.0	2.5	3.0	3.5	4.0	4.5	5.0	5.5	≤6.0
45.4	53.6	51.5	49.4	46.6	44.0	42.3	40.7	39.7	38.6	36.4	34.8	33.2	32.2
45.6	54.1	51.9	49.8	47.1	44.4	42.7	41.1	40.0	39.0	36.8	35.2	33.5	32.5
45.8	54.6	52.4	50.2	47.5	44.8	43.1	41.5	40.4	39.3	37.1	35.5	33.9	32.8
46.0	55.0	52.8	50.6	47.9	45.2	43.5	41.9	40.8	39.7	37.5	35.8	34.2	33.1
46.2	55.5	53.3	51.1	48.3	45.5	43.8	42.2	41.1	40.0	37.7	36.1	34.4	33.3
46.4	56.0	53.8	51.5	48.7	45.9	44.2	42.6	41.4	40.3	38.1	36.4	34.7	33.6
46.6	56.5	54.2	52.0	49.2	46.3	44.6	42.9	41.8	40.7	38.4	36.7	35.0	33.9
46.8	57.0	54.7	52.4	49.6	46.7	45.0	43.3	42.2	41.0	38.8	37.0	35.3	34.2
47.0	57.5	55.2	52.9	50.0	47.2	45.2	43.7	42.6	41.4	39.1	37.4	35.6	34.5
47.2	58.0	55.7	53.4	50.5	47.6	45.8	44.1	42.9	41.8	39.4	37.7	36.0	34.8
47.4	58.5	56.2	53.8	50.9	48.0	46.2	44.5	43.3	42.1	39.8	38.0	36.3	35.1
47.8	59.5	57.1	54.7	51.8	48.8	47.0	45.2	44.0	42.8	40.5	38.7	36.9	35.7
48.0	60.0	57.6	55.2	52.2	49.2	47.4	45.6	44.4	43.2	40.8	39.0	37.2	36.0
48.2	—	58.0	55.7	52.6	49.6	47.8	46.0	44.8	43.6	41.1	39.3	37.5	36.3
48.4	—	58.6	56.1	53.1	50.0	48.2	46.4	45.1	43.9	41.5	39.6	37.8	36.6
48.6	—	59.0	56.6	53.5	50.4	48.6	46.7	45.5	44.3	41.8	40.0	38.1	36.9
48.8	—	59.5	57.1	54.0	50.9	49.0	47.1	45.9	44.6	42.2	40.3	38.4	37.2
49.0	—	60.0	57.5	54.4	51.3	49.4	47.5	46.2	45.0	42.5	42.5	40.6	38.8
49.2	—	—	58.0	54.8	51.7	49.8	47.9	46.6	45.4	42.8	41.0	39.1	37.8
49.4	—	—	58.5	55.3	52.1	50.2	48.3	47.1	45.8	43.2	41.3	39.4	38.2
49.6	—	—	58.9	55.7	52.5	50.6	48.7	47.4	46.2	43.6	41.7	30.7	38.5
49.8	—	—	59.4	56.2	53.0	51.0	49.1	47.8	46.5	43.9	52.0	40.1	38.8
50.0	—	—	59.9	56.7	53.4	51.4	49.5	48.2	46.9	44.3	42.3	40.7	39.1
50.2	—	—	—	57.1	53.8	51.9	49.9	48.5	47.2	44.6	42.6	40.7	39.4
50.4	—	—	—	57.6	54.3	52.3	50.3	49.0	47.7	45.0	43.0	41.0	39.7
50.6	—	—	—	58.0	54.7	52.7	50.7	49.4	48.0	45.4	43.4	41.4	40.0
50.8	—	—	—	58.5	55.1	53.1	51.1	49.8	48.4	45.7	43.7	41.7	40.3
51.0	—	—	—	59.0	55.6	53.5	51.5	50.1	48.8	46.1	44.1	42.0	40.7
51.2	—	—	—	59.4	56.0	54.0	51.9	50.5	49.2	46.4	44.4	42.3	41.0
51.4	—	—	—	59.9	56.4	54.4	52.3	50.9	49.6	46.8	44.7	42.7	41.3
51.6	—	—	—	—	56.9	54.8	52.7	51.3	50.0	47.2	45.1	43.0	41.6
51.8	—	—	—	—	57.3	55.2	53.1	51.7	50.3	47.5	45.4	43.3	41.8
52.0	—	—	—	—	57.8	55.7	53.6	52.1	50.7	47.9	45.8	43.7	42.3

续上表

平均回弹值 R_m	测区混凝土强度换算值 $f^c_{cu,i}$ (MPa)											
	平均碳化深度值 d_m (mm)											
	0	0.5	1.0	1.5	2.0	2.5	3.0	3.5	4.0	4.5	5.0	5.5	≤6.0
52.2	—	—	—	—	58.2	56.1	54.0	52.5	51.1	48.3	46.2	44.0	42.6
52.4	—	—	—	—	58.7	56.5	54.4	53.0	51.5	48.7	46.5	44.4	43.0
52.6	—	—	—	—	59.1	57.0	54.8	53.4	51.9	49.0	46.9	44.7	43.3
52.8	—	—	—	—	59.6	57.4	55.2	53.8	52.3	49.4	47.3	45.1	43.6
53.0	—	—	—	—	60.0	57.8	55.6	54.2	52.7	49.8	47.6	45.4	43.9
53.2	—	—	—	—	—	58.3	56.1	54.6	53.1	50.2	48.0	45.8	44.3
53.4	—	—	—	—	—	58.7	56.5	55.0	53.5	50.5	48.3	46.1	44.6
53.6	—	—	—	—	—	59.2	56.9	55.4	53.9	50.9	48.7	46.4	44.9
53.8	—	—	—	—	—	59.6	57.3	55.8	54.3	51.3	49.0	46.8	45.3
54.0	—	—	—	—	—	—	57.8	56.3	54.7	51.7	49.4	47.1	45.6
54.2	—	—	—	—	—	—	58.2	56.7	55.1	52.1	49.8	47.5	46.0
54.4	—	—	—	—	—	—	58.6	57.1	55.6	52.5	50.2	47.9	45.3
54.6	—	—	—	—	—	—	59.1	57.5	56.0	52.9	50.5	48.2	46.6
54.8	—	—	—	—	—	—	59.5	57.9	56.4	53.2	50.9	48.5	47.0
55.0	—	—	—	—	—	—	59.9	58.4	56.8	53.6	51.3	48.9	48.3
55.2	—	—	—	—	—	—	—	58.8	57.2	54.0	51.6	49.3	47.7
55.4	—	—	—	—	—	—	—	59.2	57.6	54.4	52.0	49.6	48.0
55.6	—	—	—	—	—	—	—	59.7	58.0	54.8	52.4	50.0	48.4
55.8	—	—	—	—	—	—	—	—	58.5	55.2	52.8	50.3	48.7
56.0	—	—	—	—	—	—	—	—	58.9	55.6	53.2	50.7	49.1
56.2	—	—	—	—	—	—	—	—	59.3	56.0	53.5	51.1	49.4
56.4	—	—	—	—	—	—	—	—	59.7	56.4	53.9	51.4	49.8
56.6	—	—	—	—	—	—	—	—	—	56.8	54.3	51.8	50.1
56.8	—	—	—	—	—	—	—	—	—	57.2	54.7	52.2	50.5
57.0	—	—	—	—	—	—	—	—	—	57.6	55.1	52.5	50.8
57.2	—	—	—	—	—	—	—	—	—	58.0	55.5	52.9	51.2
57.4	—	—	—	—	—	—	—	—	—	58.4	55.9	53.3	51.6
57.6	—	—	—	—	—	—	—	—	—	58.9	56.3	53.7	51.9
57.8	—	—	—	—	—	—	—	—	—	59.3	56.7	54.0	52.3
58.0	—	—	—	—	—	—	—	—	—	59.7	57.0	54.4	52.7
58.2	—	—	—	—	—	—	—	—	—	—	57.4	54.8	53.0
58.4	—	—	—	—	—	—	—	—	—	—	57.8	55.2	53.4
58.6	—	—	—	—	—	—	—	—	—	—	58.2	55.6	53.8

续上表

平均回弹值 R_m	测区混凝土强度换算值 $f_{cu,i}^c$ (MPa)												
	平均碳化深度值 d_m (mm)												
	0	0.5	1.0	1.5	2.0	2.5	3.0	3.5	4.0	4.5	5.0	5.5	≤6.0
58.8	—	—	—	—	—	—	—	—	—	—	58.6	55.9	54.1
59.0	—	—	—	—	—	—	—	—	—	—	59.0	56.3	54.5
59.2	—	—	—	—	—	—	—	—	—	—	59.4	56.7	54.9
59.4	—	—	—	—	—	—	—	—	—	—	59.8	57.1	55.2
59.6	—	—	—	—	—	—	—	—	—	—	—	57.5	55.6
59.8	—	—	—	—	—	—	—	—	—	—	—	57.9	56.0
60.0	—	—	—	—	—	—	—	—	—	—	—	58.3	56.4

注:本表系按全国统一曲线制定。

附录二 学习效果评价表

提供两种学习效果评价模式,供教学时参考。

学习效果评价模式 A

1. 学生自评表

姓名:　　　　　　班级:　　　　　　组号:　　　　　　学号:

主要学习记录(预习、笔记、质疑、作业等)				
考 核 项 目	好 (8~10分)	中 (4~7分)	差 (0~3分)	备注
1. 提前获取相关信息的程度				
2. 对工作任务及学习任务的理解程度				
3. 对基本概念、基本知识的理解程度				
4. 对检测方法的认知程度				
5. 熟练使用仪器设备的技能				
6. 操作步骤的熟练程度及正确性				
7. 查阅相关技术规范的能力				
8. 完成试验报告的能力及正确性				
9. 听取学习小组中他人意见的程度				
10. 自己的团队协作精神和沟通表达能力				
小　计				
合　计				
自我评价(成功之处、不足之处、需要改进之处)				

2. 学习小组评价表

考 核 项 目	好 (8~10分)	中 (4~7分)	差 (0~3分)	备注
1. 提前获取相关信息的程度				
2. 对工作任务及学习任务的理解程度				
3. 对基本概念、基本知识的理解程度				

续上表

考 核 项 目	好 (8~10分)	中 (4~7分)	差 (0~3分)	备注
4.对检测方法的认知程度				
5.操作步骤的熟练程度及正确性				
6.查阅相关技术规范的能力				
7.完成试验报告的能力及正确性				
8.完成学习任务的质量				
9.听取学习小组中他人意见的程度				
10.团队协作精神和沟通表达能力				
小　计				
合　计				
总体评价(成功之处、不足之处、需要改进之处)				
组内成员签名：				

3.教师评价表

考 核 项 目	好 (8~10分)	中 (4~7分)	差 (0~3分)	备注
1.提前获取相关信息的程度				
2.对工作任务及学习任务的理解程度				
3.对基本概念、基本知识的理解程度				
4.对检测方法的认知程度				
5.操作步骤的熟练程度及正确性				
6.查阅相关技术规范的能力				
7.完成试验报告的能力及正确性				
8.完成学习任务的质量				
9.平时学习表现				
10.钻研问题的程度				
小　计				
合　计				
总体评价(成功之处、不足之处、需要改进之处)				
教师签名：				

注：对于平时学习表现，每旷课1次扣1分，迟到、早退1次各扣0.5分；课堂纪律表现不好者，视情节扣0.5~1分；不按时交作业扣1分，不交作业不得分。

学习效果评价模式 B

1. 学生自评表

姓名：　　　　　班级：　　　　　组号：　　　　　学号：

主要学习记录（预习、笔记、质疑、作业等）				
考 核 项 目	好 (8~10分)	中 (4~7分)	差 (0~3分)	备注
1. 提前获取相关信息的程度				
2. 对工作任务及学习任务的理解程度				
3. 对基本概念、基本知识的理解程度				
4. 对检测流程及操作要点的掌握程度				
5. 查阅相关技术规范的能力				
6. 对检测环节中存在问题的分析能力				
7. 对施工质量的检测与评价能力				
8. 完成学习任务的质量				
9. 听取学习小组中他人意见的程度				
10. 自己的团队协作精神和沟通表达能力				
小　　计				
合　　计				
自我评价（成功之处、不足之处、需要改进之处）				

2. 学习小组评价表

考 核 项 目	好 (8~10分)	中 (4~7分)	差 (0~3分)	备注
1. 提前获取相关信息的程度				
2. 对工作任务及学习任务的理解程度				
3. 对基本概念、基本知识的理解程度				
4. 对检测流程及操作要点的掌握程度				
5. 查阅相关技术规范的能力				
6. 对质量检测中存在问题的分析能力				
7. 对施工质量的检测与评价能力				
8. 完成学习任务的质量				

续上表

考 核 项 目	好 (8~10分)	中 (4~7分)	差 (0~3分)	备注
9.听取学习小组中他人意见的程度				
10.团队协作精神和沟通表达能力				
小 计				
合 计				
总体评价(成功之处、不足之处、需要改进之处)				
组内成员签名:				

3. 教师评价表

考 核 项 目	好 (8~10分)	中 (4~7分)	差 (0~3分)	备注
1.提前获取相关信息的程度				
2.对工作任务及学习任务的理解程度				
3.对基本概念、基本知识的理解程度				
4.对检测流程及操作要点的掌握程度				
5.查阅相关技术规范的能力				
6.对质量检测中存在问题的分析能力				
7.对施工质量的检测与评价能力				
8.完成学习任务的质量				
9.平时学习表现				
10.钻研问题的程度				
小 计				
合 计				
总体评价(成功之处、不足之处、需要改进之处)				
教师签名:				

注:对于平时学习表现,每旷课1次扣1分,迟到、早退1次各扣0.5分;课堂纪律表现不好者,视情节扣0.5~1分;不按时交作业扣1分,不交作业不得分。

参 考 文 献

[1] 中华人民共和国行业标准. 公路土工试验规程(JTG E40—2007)[S]. 北京:人民交通出版社,2007.

[2] 中华人民共和国行业标准. 公路路基路面现场测试规程(JTG E60—2008)[S]. 北京:人民交通出版社, 2008.

[3] 中华人民共和国行业标准. 公路工程质量检验评定标准(土建工程)(JTG F80/1—2004)[S]. 北京:人民交通出版社,2004.

[4] 中华人民共和国行业标准. 回弹法检测混凝土抗压强度技术规程(JGJ T23—2011)[S]. 北京:中国建筑工业出版社,2011.

[5] 张超. 路基路面试验检测技术[M]. 北京:人民交通出版社,2004.

[6] 徐培华. 路基路面试验检测技术[M]. 北京:人民交通出版社,2000.

[7] 郭秀芹. 公路工程现场测试[M]. 北京:人民交通出版社,2005.

[8] 周若愚. 公路工程现场测试技术[M]. 北京:人民交通出版社,2001.

[9] 钱进. 公路工程测试技术[M]. 北京:人民交通出版社,2008.

[10] 张斌. 实验室质量管理体系建立与运作指南[M]. 北京:中国标准出版社,2006.

[11] 金桃,张美珍. 公路工程检测技术[M]. 北京:人民交通出版社,2002、2005.

[12] 乔志琴. 公路工程试验检测[M]. 北京:人民交通出版社,2007.

[13] 郑桂兰. 道路检测技术[M]. 北京:机械工业出版社,2006.